サンエイ新書
17

中国人富裕層のトリセツ

彼らの「心」と「サイフ」を開かせる極意

夏川　浩
Natsukawa Hiroshi

はじめに

中国人富裕層がけん引する新たな「爆買い」時代がやってくる!

「えっ! 彼ら彼女たちは大丈夫だろうか⁉」

中国の国民的女優、ファン・ビンビンさんが行方不明となり、当局に拘束されたのでは? というニュースが飛び込んできた瞬間、私の脳裏には何人ものお客様の顔が浮かびました。

というのも、弊社のお客様にはファン・ビンビンさんに匹敵する中国の芸能人や財界の方々が何人もいるからです。

ファンさんは結局、脱税容疑で罰金刑が科されました。その額は8億8300万元(約145億円。1元=16・4円として計算)。報道によると彼女の年収は約50億円だそうです。スケールの大きな話です。

中国の近年の経済成長は驚異的です。それにともない、富裕層も急増しています。芸能界でもファンさんのようにハリウッドのトップクラスと肩を並べるような年収を得ている人も大勢います。

もちろん経済界も同様で、フォーブス誌「世界富豪ランキング」トップ100入りの人数でも、アメリカ人に次いで中国人が第2位です。

私が代表を務める「ブリジアン株式会社」は、このような中国人富裕層を顧客とした医療インバウンド事業を中心に展開しています。

「医療インバウンド」とは、治療や健診を目的とした外国人患者受け入れのこと。政府がインバウンド消費（訪日外国人による消費）の増加を推進する施策の一つであり、近年、医療目的の渡航者が急増しています。

日本投資政策銀行の試算によれば、2020年時点での医療インバウンドの潜在的な需要は、年間約43万人、市場規模は約5500億円が見込まれています。経済産業省では43万人のうち31万人が中国人と予測しています。

弊社では2011年からこの分野に本格的に参入し、わずか7年で延べ4000人以上を日本に招き入れ、累計150億円余りのインバウンド消費を呼び込みました。集客から医療機関の紹介、入国時から滞在中のアテンド、さらに帰国後のアフターフォローまでをワンストップで対応できるのが強みです。

弊社のお客様は中国人富裕層のなかでも頂点に立つＶＩＰです。資産数百億円の不動産会社経営者、中国全土に美容サロンを展開する女性経営者、さらに前述したようにトップクラスの芸能人などの顧客が多いのも特色です。

治療や健診に保険はききませんから、１泊２日の人間ドックでも１００万円以上、美容・アンチエイジングや歯科治療では数百万円になることも普通です。それでも彼らは平然とブラックカードで支払います。

宿泊先は５つ星以上の最高級ホテル、食事もミシュランガイド掲載店、銀座のブランドショップで１日で数千万円を使う人も珍しくありません。ときには、車中から見えたマンションを気に入り、億単位の物件を「即買い」する人もいます。まさに金遣いのスケールもハンパないのです。

２０１３年頃、中国人による「爆買い」が大きな話題になりました。国内の消費が冷え込むなか起爆剤として期待されましたが、16年以降は失速気味で落胆の声も聞かれました。

しかし、「爆買い」は決して終わったわけではありません。

かつての「爆買い」は同じ中国人でも中流層が主役でしたが、その後は富裕層が主役の「爆買い」が始まっています。

中国人富裕層が日本でお金を落とすのは、前述のように医療費だけではありません。医療のついでに、宿泊や小売、飲食などの分野でも期待できます。さらに美術品や不動産、企業などへの投資も見込めます。

なぜかといえば、中国人富裕層は、日本の「安全・安心」「匠の技」に大きな信頼を寄せており、何より日本が大好きだからです。かつては欧米に向いていた彼らの目が日本に向きはじめたのです。

医療インバウンドはその象徴です。

日本にマンションや別荘を購入し、お忍びでやってきては食事やショッピングを楽しみ、リフレッシュして帰国するという経営者や芸能人も大勢いるのです。

中国人富裕層は宝の山、誰にでも掘り当てるチャンスはある！

本書では、中国人富裕層が何を求めているのか、そして彼らを相手にどのようなビジネスチャンスがあり、どのように接すれば彼らのハートをつかみ、財布のヒモを緩めることができるのか、私が実際に彼らと接するなかで感じていることを裏表なく記しました。

まさしく、〝中国人富裕層のトリセツ〟です。

そして彼らの実態を丸裸にすることは、リアルタイムの中国、中国人を知るうえでも大いに役立ちます。

中国人に対して「マナーが悪い」「抜け目ない」「気が短い」といった負のイメージを抱いている方こそ、本書をお読みください。少なくとも私が接してきた彼らは、紳士・淑女であり、マナーも心得ています。まずは、ステレオタイプの中国人像をぬぐい去ることが第一歩です。

「そうはいっても中国人富裕層につながるツテなんてあるわけない」と思う人が大半でしょう。

しかし、意外と身近に富裕層の彼らとコンタクトをとるチャンスはあるのです。

中国は世界有数のスマホ大国です。スマホなしでは生活できないほど不可欠なアイテムです。

なかでもＳＮＳ（ソーシャル・ネットワーキング・サービス）の影響力は絶大です。もともと中国には口コミを大切にする文化がありますから、ＳＮＳは非常に親和性が高いツールなのです。

富裕層もＳＮＳを活用しています。一般の人たちよりＳＮＳを信頼しているくらいです。富裕層同士のネットワークも強固です。このネットワークをうまく利用できれば、一度に大勢の富裕層とつながることも可能です。

彼らと接するチャンスは、地域や業種、年齢にも関係なく、皆さんに平等にあるのです。

「中国人富裕層」という宝の山を掘り当て、ぜひともインバウンド消費を呼び込んでください。

夏川　浩

中国人富裕層のトリセツ
彼らの「心」と「サイフ」を開かせる極意

目次

第2章　中国人富裕層が求めているもの

第３章　医療サービス——日本への絶対の信頼を裏切るな

第4章　富裕層の心を鷲づかみにするサービス・テクニック

第5章　中国人富裕層にアプローチする方法

企画協力：山口　信
プロデュース：中野健彦（ブックリンケージ）
制作協力：鈴木　剛
校　正：直野　亮
カバーデザイン：髙野　宏（T・ボーン）
本文・図版DTP：小松幸枝（編集室エス）

第1章

日本人の知らない中国人富裕層の素顔

ハンパない！　中国人富裕層のスケール

クリニックでの健診を終え、ホテルへ送る車のなかで、

「夏川さん、あのビル、いいねぇ。買おうかな〜」

と即決する、北京在住の会社経営者。

「この部屋、ウチのペットの部屋より狭いよ」

と、宿泊ホテルを急きょ、東京ミッドタウンの「ザ・リッツ・カールトン東京」に変更するご夫婦のお客様。

ともに実際にあった、弊社「ブリジアン株式会社」のお客様のエピソードです。

後者は、私たちが医療インバウンド事業を始めて間もなくのことで、スタッフへの教育が行き届いてなかった頃の話です。いまなら、最初から超一流ホテルのデラックスかスイートルームを予約するでしょう。

このお客様は2週間の滞在予定で、「ザ・リッツ・カールトン東京」の宿泊費だけで百数十万円。先に予約したビジネスホテルも所在地は銀座、決して安くはありません。急きょのことですから、そのホテルもキャンセルはできません。「いいよ、そっちの料金も払うから」とおっしゃり、そのホテルのカードキーを弊社スタッフに渡し、

「好きに使ってね」。

そのホテルはご自宅のトイレよりも狭かったのかもしれません。このお客様は滞在中、銀座で約６千万円の買い物をされました。

友人を誘って、北京、上海、香港からそれぞれプライベートジェットで訪日した超ＶＩＰの方々もいらっしゃいます。

中国の国土は約９６０万平方メートル、人口は13・8億人。名目ＧＤＰ（国内総生産）は約74兆４１２７億元（２０１６年、中国国家統計局）。日本と比べると、国土は約26倍、人口は12倍弱、名目ＧＤＰは３倍弱……。国のスケールが違うように、富裕層のスケールもケタ違いなのです。

訪日中国人によるインバウンド効果を語るうえで「中国セレブ」「富裕層」という言葉がよく使われますが、私たちのクライアントは、富裕層のなかでもトップクラス、ピラミッドの頂点にいる方々です。

訪日する彼らに共通するのは「日本が大好き」ということ。日本の「安全・安心」「匠の技」に敬意を払い、その対価にはいくら払うのも厭わない人たちです。

訪日中国人の「爆買い」を支えてきたのは、おもに団体客、いわば「比較的豊かな人」たちですが、私は今後、日本の魅力を再発見した真の富裕層が新たな「爆買い」を支えていく存在になると確信しています。

もちろん、中国で「富裕層」といわれる人たちは、ほんのひと握りです。しかし、前述したように日本とは分母が違います。中国で一般的に富裕層の基準の一つとされる投資可能資産1000万元（約1億6400万円超）で線引きしても、134万人（2016年5月時点）。中国人の1000人に1人が富裕層の計算になります。さらに私たちの顧客の中心である超富裕層（投資可能資産1億元＝約16億4000万円）を見れば、8万9000人（同年）もいます。

また同年の世界の富豪ランキングでは、10億ドル以上（約1100億円）の資産を持つ北京の企業家の数がアメリカの企業家を上回ったそうです。

そして、何よりも一人ひとりの消費がケタ違い、ハンパない人たちなのです。

まさに中国人富裕層は宝の山と言えるでしょう。

行きたい国ナンバーワン！　中流層も富裕層も日本が大好き

ところで、中国人観光客が日本を訪れるようになったのは、いまから18年前、

２０００年に団体旅行者へのビザ発給が解禁されてからです。

ご存じのとおり、中国が鎖国的状態から、開放政策に舵を切ったのは１９７０年代後半、鄧小平の時代です。経済特区を設置し、海外企業を次々と誘致しました。中国に「富裕層」と呼ばれる人たちが誕生したのも、それ以降です。

私が北京で生まれたのもその時期です。子どもの頃の北京の街は首都とはいえ、古い建物が多く、スラム街のような場所があちらこちらに残っていました。しかし、その後の経済成長に伴い、街は急激に変化しました。

とくに２００１年に北京オリンピック２００８の開催が決まってからは、開発にいっそう拍車がかかり、長安の街は大通りの両側に次々と高層ビルが建設され、近代的な都市へと変貌していきました。きっと、日本の東京オリンピック１９６４開催前夜も同じような雰囲気だったのではないでしょうか。

ちなみに私の父は中国国営新華社通信（新華通訊社）の日本支社に長年勤めていましたが、私が子どもの頃は単身赴任でした。国が家族の帯同を認めていなかったからです。どうしても家族一緒に行きたいという場合は自費でした。それだけ国も貧しかったのでしょう。

それはさておき、中国人の海外旅行解禁もこの開放政策によるものです。１９９７年に初めて団体旅行による海外旅行が認められました。日本への旅行は２０００年に認められましたが、当初は北京、上海、広東省の住民のみでした。わずか18年前のことです。

それ以降、２００５年に中国全土に拡大され、09年には所得制限を設けて富裕層への個人観光ビザの発給が認められました。その後、所得制限が徐々に引き下げられ、訪日のハードルは下がっていきました。

そして２００３年に50万人弱だった中国人の訪日人数は、17年には７３５万人と15倍近くに増加しています。

また、海外旅行ができる中国人が増えたきっかけは、リーマンショック（２００８年）の際に発生した官製バブルといわれています。国は景気対策として4兆元（約66兆円）を投じ、バブル経済が発生。それに伴い、地価と株価が急上昇したのです。10年前にローンを組んだ持ち家があれば、その価値は何倍にもなりました。そうした人たちが、気軽に海外旅行に行けるような資産を手にしたのです。

現在では世界中、どこに行っても中国人旅行者を見かけます。２０１７年の中国人海外旅行者数は１億３０００万人、日本の総人口よりも多いのです。

そのなかで行き先のトップはタイで９８０万人。タイは距離的にも近いうえ、アライバルビザのため事前の手続きが不要。思い立ったらすぐ行けるのが魅力のようです。アライバルビザとは、出国前に事前申告の必要がなく、行く先の国の空港で入国時に取得できるビザです。

そして第2位が日本で７３５万人です。富裕層だけでなく、経済的に余裕がある中国人は日本が大好きなのです。他の国にも魅力的な観光地はたくさんあります。中国から見て日本よりも近く、簡単に行ける国も多くあります。そのなかで日本が第2位ということは、やはり「日本が好き」ということにほかなりません。

ＪＥＴＲＯ（日本貿易振興機構）がおこなった「中国人が行きたい国調査」では、調査開始以来ずっと第1位だったアメリカを抜いて、２０１7年に日本がトップになったことからも、中国人の日本好きがおわかりいただけるでしょう。知識層、裕福層は若い頃に日本への留学経験がある方も多く、日本に対する親近感も強いようです。

国と国との関係ではギクシャクしている面もあり、中国では反日ドラマなども放映されています。しかし、そうしたドラマの影響を受けるのは、中流層以下の人たちといわれています。

「爆買い」は終わらない！　裾野が広がるインバウンド効果

中国人観光客の代名詞とも言えるのが「爆買い」です。しかし、２０１８年8月末、その象徴的な存在だった「ラオックス銀座店」が閉店しました。

数年前まではひっきりなしに大型観光バスが横づけされ、次々と中国人団体客が店に吸い込まれていきました。高級炊飯器など、抱えきれない製品を持つ中国人の様子をテレビでご覧になった方も多いことでしょう。

「爆買い」という言葉が流行語大賞に選出されたのは、２０１５年。この年、１９７３万人の外国人観光客が日本を訪れましたが、そのうち中国人は約５００万人、じつに訪日外国人観光客の４人に１人が中国人だったわけです。

彼らは、ラオックスのような免税家電量販店、百貨店、ドラッグストアなどで、次々と日本製品を買い漁りました。この年の2月には、春節（中国の旧正月）のわずか１週間で約45万人が訪日、約60億元（約９８４億円）も消費しました。

日本では少子高齢化で国内消費が伸び悩むなか、中国人観光客の爆買いは日本経済

訪日中国人客数の推移

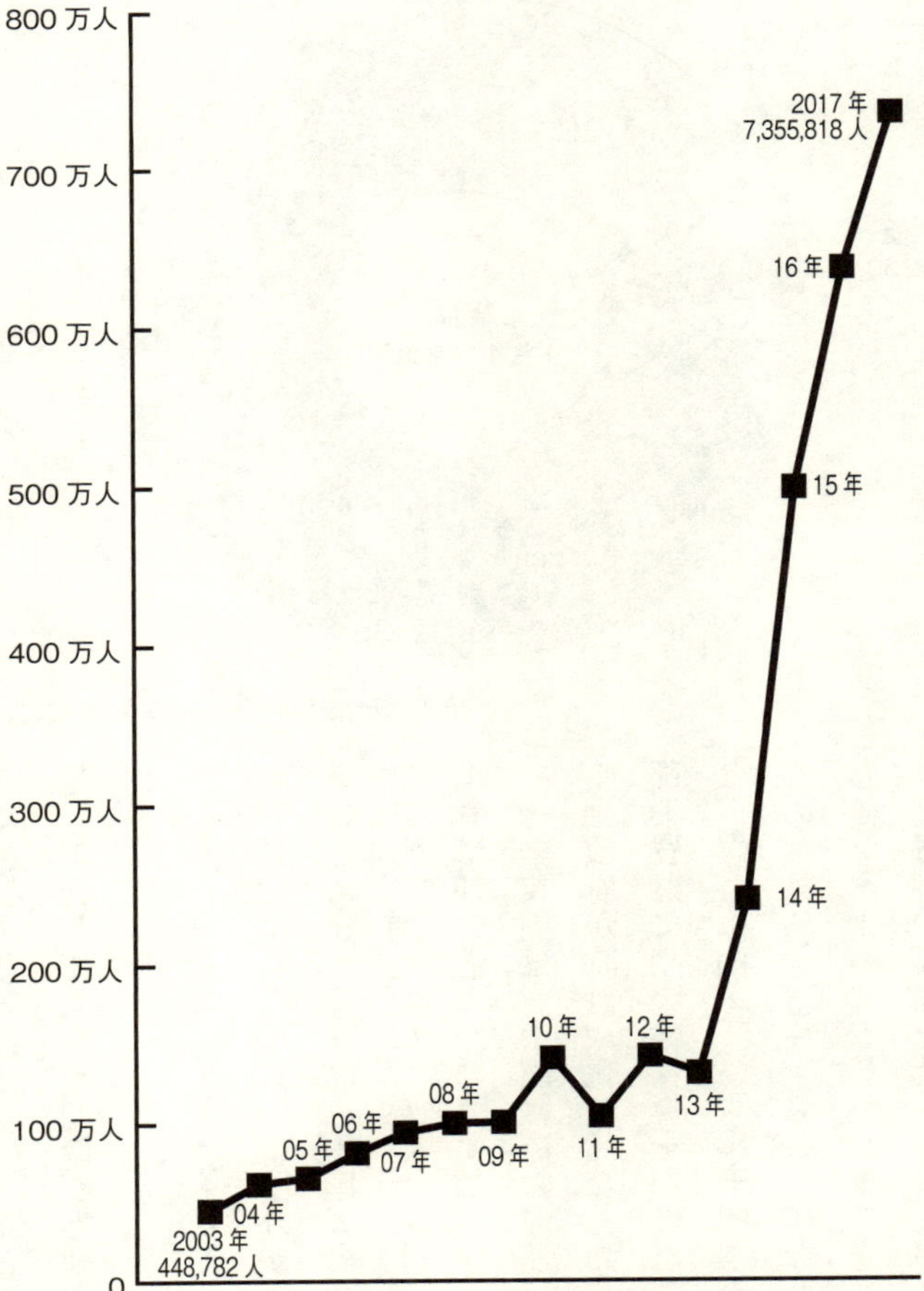

出所：日本政府観光局（JNTO）「ビジット・ジャパン事業開始以降の訪日客数の推移」

訪日外国人旅行消費額（2017年）

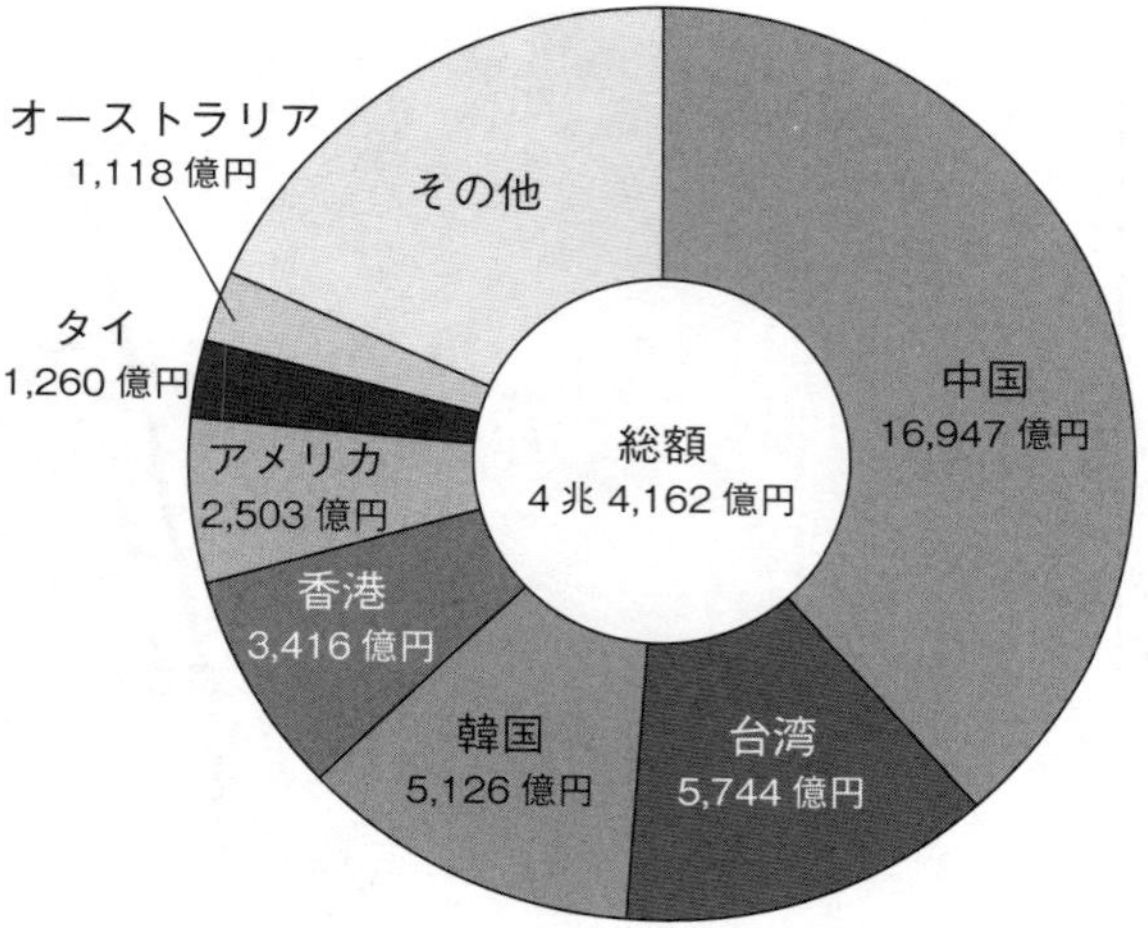

出所：観光庁「訪日外国人消費動向調査」

に大きな恩恵をもたらし、景気の起爆剤として大きな期待が寄せられました。

しかし、その翌年（２０１６年）には早くも爆買いに陰りが見えはじめました。訪日中国人の数はさらに増えたにもかかわらず、消費は伸び悩んだのです。

その要因は、中国経済の減速。中国政府が時計や化粧品などの一部消費財に高い輸入税をかけたこと（爆買い関税）、また中国本土での「越境ｅコマース」、すなわちインターネット通販サイトを通じて海外の商品を購入する人が増えたのもその一因でしょう。

日本国内では、期待を寄せた「爆買い特需」も終息に向かい、中国人は大きな声で話す、並んでいる列に割り込むなど、マナーがたびたび問題視されることもあり、一部では中国人歓迎ムードも急速にしぼみかけているようです。

しかし私は、免税家電量販店やドラッグストアでの爆買いが終息に向かったとしても、悲観はしていません。訪日中国人の数は相変わらず増加していますし、リピーターも増えています。彼らが日本国内で消費する金額も大きく減っているわけではありません。単なる買い出しツアーではなく、日本の文化や食、サービスなどにも興味を持ちはじめているのです。旅自体が多様化し、成熟してきていると言えるでしょう。最近よく聞く「モノ消費」から「コト消費」への移行です。

つまり、爆買いツアーはおもに物販店を潤してきたわけですが、これからはさまざまな分野にインバウンド効果が拡大していくことでしょう。

もちろん、医療分野もその一つです。

中国人観光客の4つのタイプ

最近の訪日中国人を見ていると、おおよそ4つのタイプに分類されます。

①初めて日本を訪れる人
②日本が好きなリピーター
③欧米から日本にシフトしてきた富裕層
④明確な目的を持って訪日する人

①は、いわば「爆買いの主役」を演じてきた中流層です。最近では北京や上海などの大都市からだけでなく、地方都市から日本を訪れる人も増えています。彼らの多くは団体旅行で訪日します。訪日に限らず、かつてはほとんどの人が団体旅行でしたが、近年は初回から個人旅行の人も増加しています。

②は、団体旅行でやってきて日本が気に入り、個人旅行でリピートする人たちです。初回は爆買いが目的でも、2度目以降はテーマを持った旅をする傾向にあるようです。たとえば雪や桜、きれいな海を見る、あるいは美味しい寿司を食べる、アニメの聖地

を訪れるなどです。

最近では、日本人観光客も行かないような場所を訪れるマニアックな中国旅行者を見かけることもあります。

２０１７年、北海道で中国人女性が一人旅の途中で行方不明になり、のちに遺体で発見されるという痛ましい出来事もありましたが、この女性のように一人旅も増加傾向にあります。

中国旅游研究院（中国国家観光局の傘下にあるシンクタンク）と、中国最大規模のオンライン旅行会社シートリップ（Ctrip）による旅行形態調査（２０１７年）では、団体旅行44％、個人旅行42％と拮抗しています。

そして③と④は、弊社のお客様に該当します。ほとんどの方がアメリカやヨーロッパ旅行の経験があり、アメリカの医療を体験済みの方もいらっしゃいます。もちろん個人旅行で、団体旅行者が大挙してやってくる前に訪日経験がある方が大半です。

なぜ、アメリカで医療を受けた経験のある方が日本を選ぶのかについては、３章で詳述しますが、第一には「時間」の問題です。上海から、羽田空港なら飛行機で３時間に対し、アメリカ（ニューヨーク）までは十数時間かかります。仕事や旅行なら ともかく、健診や治療を受けるために十数時間を費やすのはムダと考えているようです。もちろん、日本の医療に対する高い信頼があってのことですが。

④については②ともダブりますが、富裕層の間でいえば、スキーやアーティストのコンサートのために訪日するケースもあります。スキーにハマって、北海道のニセコにスキー・シーズン用の別荘を購入した方もいます。

コンサートでは最近、韓国の人気グループ「BIGBANG」のライブを観るためにだけ訪日した8人の富裕層グループの方々もいました。ただ、日本のライブやコンサート会場にはＶＩＰ席が用意されていないことにご不満のようでしたが……。

中国人富裕層はなぜ有名観光地に行かないのか

これまで述べてきたように、同じ訪日中国人といっても旅行形態や訪日目的など、求めることはそれぞれです。

私たちのお客様が、団体旅行に参加してバスに乗り、免税家電量販店やドラッグストアへ行くことは、天地がひっくり返ってもないでしょう。それどころか、有名観光地や団体客が利用するような飲食店に行くこともありません。彼らは中国人団体客が大勢集まるような場所は極力避けています。日本人だけでなく彼らも、同じ中国人団体客のマナーの悪さに辟易している部分もあるのです。

ただ、中国人のマナーについて擁護するとすれば、日本と中国の文化や習慣の違いから生じるケースも多いということです。マナー違反だとは知らずにやっていることもあります。

さらにいえば、年間800万人近い中国人が訪日するわけですから、いろいろな人がいて当たり前、なかにはマナーの悪い人もいるでしょう。逆に、洗練された人も大勢います。

日本のマスコミなどではマナーの悪いケースを報道することが大半ですから、日本人に「中国人＝マナーが悪い」というイメージが刷り込まれてしまっています。ステレオタイプに中国人を判断することは接客やビジネスにおいても、損をするだけです。富裕層の方々は訪日経験が豊富なため、日本の文化・マナーに精通しています。

多様化・深化するインバウンド・ビジネス

私たちのお客様には、以前はアメリカまで行って健診を受けたり、治療や美容・アンチエイジングをおこなっていた方々もいます。彼らはなぜ、日本にシフトしたのでしょうか。

もちろん、距離的（時間的）なメリットもあります。

ただ、日本の医療について皆さんに話を聞くと「安全・安心」「技術が高い」といった声を聞きます。口コミやＳＮＳ（ソーシャル・ネットワーキング・サービス）を通じて情報を得ているようです。

日本の医療を実際に体験してみると、予想以上のようで、リピートする方が非常に多いですね。また、日本特有の「きめ細かいサービス」「おもてなし」に感激する富裕層も大勢いらっしゃいます。

それは「食」も一緒です。一度美味しい食べ物を堪能したら、もう一度食べたい、あれも食べたい、と貪欲です。

富裕層に限らず中国人観光客のリピーターが多いのも、一度訪日して日本の魅力にハマる人が多いからでしょう。

もちろん、医療や食だけではありません。私たちのお客様のなかには、日本の伝統工芸品に興味を持つ方もいます。訪日前に「今度行ったときに○○さんの作品を購入することはできますか」と、人間国宝の方の名前をさらっと口にする人もいます。たいがいは入手困難な代物なのですが……。もちろん、投資目的ではありません。純粋に作品が気に入って欲しがっているのです。工芸品では南部鉄器も根強い人気があります。

また、日本酒なら「十四代」（山形・高木酒造）、「仁左衛門《にざえもん》」「石田屋」（ともに福井・黒龍酒造）、ウイスキーであれば「響《ひびき》」や「山崎」（ともにサントリー）を指定するなど、日本の酒文化にも精通しています。「響」や「山崎」では仕込み年数までリクエストしてきます。

日本に中国人が大挙して押し寄せるようになってまだ10年足らず。これからさらに日本の魅力に気づくでしょう。逆に彼らから、新たな日本の魅力を教えられることもあるでしょう。多様化、深化するインバウンド・ビジネスは、これからが本当の勝負だと思います。

熾烈な競争社会、世界トップ50の大学を目指す「富二代」

ところで、中国に富裕層が誕生したのは前述した１９７０年代後半、鄧小平による開放政策が始まってからです。この開放の波に乗り、自身の才覚と商才で成功を収めた人たちです。

とくに今世紀に入って急激な成長が始まると、その数はさらに増えてきました。不動産業や投資家、弁護士、ＩＴ関連など業種はさまざま、トップクラスの芸能人も含まれます。

中国では、この世代を「富一代《フーイーダイ》」と呼びます。現在の年齢でいえば、40〜50代が中心です。そして、富一代の子どもたちの世代は「富二代《フーアーダイ》」と呼ばれています。

現在の「富二代」の典型的なコースは、幼稚園から高校はインターナショナルスクール（国際学校）に通い、卒業後はアメリカ、もしくはイギリスの大学に留学します。なかには、小学校あるいは中学校卒業後に、大学入学を目指す国の中学校、高校に留学、大学受験に備える子どもたちもいます。

彼らが志望する大学は、アメリカではハーバードやＭＩＴ（マサチューセッツ工科大学）、イギリスではケンブリッジやオックスフォードなど、世界の名門校です。とくにアメリカのランキング上位校が人気です。

現在の中国は超競争時代、「学歴、出身大学で人生が決まってしまう」と言っても過言ではありません。普通の大卒では就職もままならない状況です。就職できなかった学生は「蟻族《イーズー》」と呼ばれ、フリーターとして働くしかありません。

海外留学組も同じです。10年ほど前までは、海外留学したというだけで箔がつき、国内組よりも初任給などでも優遇されました。「富一代」の多くも欧米に留学して学び、その経験や知識、人脈を活かして、成功を収めています。しかし、現在では留学先が問われるのです。二流、三流の大学では意味がありません。

留学先から帰国しても就職できない人たちのことを「海待族《ハイダイズー》」といいますが、そんな名称がつくほど、そうした人たちが大勢いるということです。

さて、「富二代」に話を戻すと、彼らが通うインターナショナルスクールとは、海外の子弟が学ぶアメリカ人学校やフランス人学校、日本人学校などとは違い（中国人は入学できません）、中国人向けに英語で教育をおこなう私立学校です。英語を学ばせたい富裕層が多いことに目をつけ、台湾資本が始めた学校です。

ここでの授業は英語でおこなわれ、日本でも最近注目されている「国際バカロレア」という教育プログラムを採り入れています。このプログラムはひと言でいえば、世界で通用するグローバルな人材を育てる学習法です。当然、英語はペラペラになりますし、国際感覚も養えます。世界のトップクラスの大学を目指すための予備校的な学校とも言えます。現在ではこのようなインターナショナルスクールは上海や北京に数十校あるそうです。

学費も高額。年間150～400万円かかります。庶民はもちろん、中流層の子弟ではとても通えません。

「富一代」は、子どもの教育のためにはお金に糸目をつけません。中学校、高校で海外留学させる際には、子どものために家も買いますし、お手伝いさん、あるいは通訳、家庭教師なども雇います。子どもが社会に出るまでに10億～20億円かける親もいるのです。

放蕩息子は皆無？　中国の次世代を担うリーダー候補

日本では、親が裕福だとどうしても甘やかしてしまい、子どもが親の金にモノをいわせて遊び呆けたり、親の威を借りて威張り散らしたりする、いわゆる「放蕩息子」の話をよく耳にします。しかし中国の「富二代」は、道を踏み外すようなケースはごくわずかです。親の教育熱心さもありますが、何よりも子どもの頃からの競争社会で周囲からの刺激を受けて、一生懸命勉強し、親の期待に応えようと努力しています。ただ、私が「富一代」「富二代」に接して感じるのは、「富一代」は自分自身の才覚で勝負し、這い上がってきた方たちですから、人の苦労もわかり、その分、人に対して優しい。

しかし「富二代」は、人はいいけど、何しろ苦労知らず。欲しいものは何でも手に入れて育ってきたので、人の痛みがわからない。人に対して無神経なところがあります。また総じて、自信家タイプが多いですね。

ただ「富二代」は、さすがに国際感覚、ビジネスに関する嗅覚は鋭いですよ。私の知り合いでも、留学中に会社を設立して成功したり、自分で投資先を見つけて大儲けした人もいます。

もちろん、資金を出すのは親。なかには投資のために20億円をポンと渡したという話も聞きました。子どもに甘いというより、「富一代」にしても早く安心して後を任せられる後継者に育ってほしいのでしょうね。もちろん「富二代」は家業に限らず、次の中国を背負って立つリーダーとしても期待されています。

ところで留学先に関しては最近、日本に留学する「富二代」もいます。

前述したように中国では、日本でトップを争う東大、京大といえどもワンランク下に見られています。それでも、日本に何度もやってきて日本の良さを知っている「富一代」世代の親は、日本の大学をすすめるのです。国際的に日本の大学のレベルが上がれば、さらに日本への留学が増えるのではないでしょうか。

なんといっても、日本は距離が近いですから。親としても、子どもに何かあったらすぐに駆けつけることができます。

最近では勉強だけでなく、スポーツのために子どもを留学させる「富一代」もいます。結局、実現はしませんでしたが、「富二代」の中学生が、日本のサッカークラブに興味を持ち、体験留学したこともありました。

「富二代」のなかにも、日本に遊びに来て日本の文化に興味を持ち、欧米への留学後、日本の漫画やアニメ、ファッションなどを学ぶために大学や専門学校に入学する人たちも増えています。

欧米の先例を見れば、「富二代」一人が留学目的で来日するだけで、大きなお金が動きます。これも日本にとって新たなビジネスチャンスと言えるかもしれませんね。

女心恐るべし、世界一の女性富豪は中国人

弊社では２０１１年に医療インバウンド事業に本格参入してから、年間７００～８００人の中国人富裕層を受け入れてきました。トータル（述べ人数）では５０００人近くに達します。前述したように「富一代」「富二代」、年齢でいえば20～50代の方が中心。皆さんが思っているよりも若い世代が多いのです。

男女比では女性が多く、ご主人が会社経営者という方もいますが、自ら起業し、成功を収めている女性も少なくありません。中国全土でエステティックサロンを展開し年商数百億円の方や、同様にクリニックをチェーン展開している経営者の方もいます。日本ではあまり知られていないようですが、中国では毛沢東が「空の半分を支えているのは女性だ」という有名な言葉で男女平等を説き、女性の社会進出を促して以来、多くの女性たちが活躍しています。

女性富裕層といっても、いわゆる有閑マダムばかりではありません。少し古いデータになりますが、ニューヨークのワークライフ政策センターの調査（２０１０年）で、中国人女性の76％が高い職位を望んでいるのに対し、アメリカ人女性は52％だったという報告もあり、中国人女性の上昇志向の高さがうかがえます。

２０１８年3月18日、国際婦人デーにちなんで中国の胡潤研究院が発表した「２０１８胡潤世界の起業家女性富豪ランキング」によると、トップ10の半分が中国人女性で、しかもトップ３を独占しました。このランキングには、世界15カ国、１０２人の総資産10億ドル以上の女性が入っていますが、中国人女性は半数以上の64人もいます。

第1位に輝いた周群飛さんの総資産は６１５億元（日本円にして約1兆86億円）、世界で最も成功した起業家女性富豪です。

彼女は、藍思科技（レンズ・テクノロジー）の創業者で現ＣＥＯ。スマートフォンやタブレットに使われるカバーレンズを開発、生産をおこなう世界的企業で、「電話のガラスの女王」という異名もあります。しかも中国南部、湖南省の極貧家庭に生まれ、「出稼ぎ娘」から現在の地位を築いた立志伝中の人物で、中国だけでなく、世界中から尊敬を集めています。１９７０年生まれですから、現在まだ48歳です。

まさに中国の女性パワー恐るべし、です。

成長著しい中国の映画産業、人気女優の収入はハリウッド並み

私たちのお客様には芸能関係の方が多いのも大きな特色です。

日本でいう国民的歌手、俳優、女優の方もいらっしゃり、中国人なら誰でも知っているビッグネームです。

日本では、お隣の韓国の芸能人、とくに若いミュージシャンは現在も日本で大活躍している人も多く、よく知られています。また十数年前には、韓国ドラマ「冬のソナタ」をきっかけに熱狂的な韓流ブームが起こり、主演したペ・ヨンジュンさんをはじめ、韓流スターが大いにもてはやされました。

翻って中国の映画については、あまり知られていないのが実情です。それも当然で、中国では現在も世界で最も厳しい検閲があるうえ、国際的な配給手段もないため、ほとんどの作品が中国本土や香港、台湾での上映に限られているのです。

しかし、このような状況下でもいま、中国映画はハリウッド（アメリカ映画）を超える勢いで伸びている成長産業なのです（ちなみに香港映画界は独立しており、中国映画の範疇に入りません）。

ハリウッドの年間興行収入は約１兆２０００億円で世界一ですが、中国映画も

2017年に1兆円を超えました。この勢いでいくとハリウッド超えも時間の問題という声があるほどです。

たしかに中国には14億人近い人がいるわけですから、動員数も半端ないでしょう。映画館もここ数年で激増しており（日本のようなシネマ・コンプレックスが主流）、スクリーン数は5万に迫る勢いです。ちなみに日本は約3500スクリーンです。

検閲があるとはいえ、映画自体もハリウッドに迫る技術、内容と評価されています。というのも、スピルバーグ監督率いる映画制作会社「ドリームワークス」など、ハリウッドで映画づくりを学んできた人たちが中国に戻り、制作しているからです。

中国映画事情の説明が長くなってしまいましたが、このように映画製作が活況を呈しているわけですから、出演する俳優・女優さんも当然注目されます。トップクラスとなると、ギャラも破格、社会的ステイタスも高く、上位富裕層の仲間入りをしています。

さらに中国の人気女優のなかには、国際派女優として知られるチャン・ツィイーさんのように投資によって巨万の富を稼ぐ人もいて、よく話題に上ります。

中国で最も有名な女優の一人、ファン・ビンビンさんが脱税容疑で拘束され、日本国内でも大きな話題になりました。ハリウッド映画に主演したほか、以前、日本のCMにも出演していましたので、ご存じの方も多いでしょう。

今回の騒動の報道で彼女の年収は約50億円と推定されていました。ハリウッドのトップクラス俳優と肩を並べるほど稼いでいるのです。日本でもさまざまな憶測が流れていますが、これも中国映画が巨大なマーケットに成長したゆえでしょう。

私としては今回の出来事が弊社のお客さまに影響がないことを祈るばかりです。ファン・ビンビンさんに匹敵する人気女優もいらっしゃいますから。

ちなみにファン・ビンビンさんも親日家で、都内に推定8億円のマンションを所有しているようです。

ヴィトンやロレックスには興味なし

弊社を利用する中国人富裕層の訪日目的は医療ですが、そのついでにショッピングも楽しみます。

洋服やバッグ、ジュエリー、時計、あるいはマンションなどの不動産です。なかでも一番多い買い物は、やはり高級ブランド品です。

女性の場合、好きなブランドは、洋服ではエルメス（HERMES）にディオール（Dior）、シャネル（CHANEL）、ジュエリーではグラフ（GRAFF）やカルティエ（Cartier）が人気です。

グラフとは、ロンドンに本店を構え、「キング・オブ・ダイヤモンド」と称される、ダイヤモンド専門のハイジュエリーブランドです。日本では「ザ・ペニンシュラ東京」などにお店が入っています。

ルイ・ヴィトン（LOUIS VUITTON）など、かつて一世を風靡《ふうび》したブランドには興味を示さないですね。

日本のブランドでは、ミキモト（MIKIMOTO）が人気。中国人富裕層の女性には真珠は根強い人気があります。「ミキモト銀座4丁目本店」でトータル5000万円ほどのショッピングをした弊社お客様の女性もいます。

化粧品も日本ブランドが好まれますね。資生堂（SHISEIDO）、ポーラ（POLA）などが御用達で、とくに芸能人の方に支持されています。銀座の「資生堂ザ・ギンザ」は富裕層女性の定番スポットです。

男性は腕時計を好まれます。最近では、スイスのリシャール・ミル（Richard

Mille）を求める方が多いです。創業２００１年、わずか十数年で世界最高級腕時計に登りつめた時計メーカーです。安いものでも１０００万円以上、高いものは数億円で、入手も困難なことから世界中のセレブが憧れる時計です。最近では、セレブの代名詞的存在のロレックス（ROLEX）を新たに購入する方は少ないですね。

マンションや戸建てを買うのは女性が多いです。投資目的の場合もありますが、ほとんどが別荘感覚です。日本が気に入って、訪日の際に住む家として購入するわけです。数円億の物件をポンと買われる方もいます。

男性の傾向としては最初から買うものを決めている場合が多く、女性はあちこち見てまわって、気に入ったものを次々と買っていく感じです。

さすがに不動産はそうはいかないと思われるでしょうが、ときには、車窓から見て気に入り、衝動的に買ってしまうこともあります。

若い世代「富二代」は、高級ブランドよりもストリート系のファッションを好みます。シュプリーム（Supreme）やクロムハーツ（Chrome Hearts）、グイディ（Guidi）など。日本のブランドでは「ヨウジヤマモト」が人気です。彼らはブランドにステイタスを求めるのではなく、好きだから身につけているという感覚ですね。

彼らは幼い頃から最高級品が身の回りにあり、彼ら自身、欲しいものは何でも手に入れてきました。そのせいか、物欲があまりない気がします。クルマ・マニアでもない限り、クルマにもそんなにこだわりはないようです。もちろん、乗っているのは最高級クラスのクルマですが。

彼らがお金をつぎ込むのは趣味や楽しみのためですね。

意外？　ドンキは中国人富裕層にも大人気

中国人のよる「爆買い」の象徴的な存在といえば、ラオックス（24ページ参照）やマツモトキヨシ（168ページ参照）、そしてディスカウントショップのドン・キホーテ（通称：ドンキ）。同店を運営するドンキホーテホールディングスは積極的にインバウンド・ビジネスを実施してきた会社としても有名です。

同店の売りは安さと、「圧縮陳列」と称される商品ディスプレイ、そして24時間営業です。圧縮陳列とは、商品を天井に届きそうなくらい高く積み上げて高密度に陳列するドンキ独自の陳列手法です。また、目を引くPOP広告も至るところにあふれています。

いわば、中国人富裕層が足繁く通う高級ブランドショップや高級デパートとは対極に位置する店づくりです。しかし、意外に思われるでしょうが、富裕層の人たちの間では根強い人気があるのです。

たとえば、車で送迎中、ドンキを見つけると「ちょっとドンキに寄って」と、寄り道する人も結構います。

そこで買うものというと、タオルなどの生活用品、カラーコンタクト、あるいはお米など。中国では日本産の米は高価なうえ（中国産の10倍以上）、流通量が少なく、富裕層といえども入手困難なのです。ただ、２０１８年1月、アリババとＪＡ全農が提携しましたので、今後、中国本土でも日本米の流通量も安定し、価格も安くなるでしょう。訪日中国人の増加で、来日して日本米の美味しさを知る人が増えていますから、これから中国では日本米ブームが起こるかもしれませんね。

それはさておき、なぜドンキが人気なのかというと、「知名度の高さ」と「24時間営業」がカギでしょう。中国ではコンビニでも24時間営業の店はほとんどないので、業態自体がもの珍しいし、何でも揃っているから、ちょっとした買い物には非常に便利なのです。寒い時期には焼き芋を買って美味しそうに食べている人もいます。

富裕層といえども、いつでも高価な寿司やステーキばかり食べているわけではありません。

決して、超高級店だけが富裕層の立ち寄る場所とは限らないのです。ドンキ人気は、中国人富裕層相手のビジネスで成功を収めるヒントが隠されていそうです。

プライベートジェットで訪日し、買い物三昧の大富豪

「世界の富豪」と呼ばれる方たちの間では、プライベートジェットを所有する人が少なくありません。

日本でも最近、ファッション通販サイト「ZOZOTOWN《ゾゾタウン》」運営会社の社長、前澤友作さんが恋人の剛力彩芽さんとプライベートジェットでロシアワールドカップを観戦に行って話題になりました。

中国人富裕層のなかにもプライベートジェットで訪日する方がいらっしゃいます。多いときには月に4、5組もあります。

中国では十数年前まで、プライベートジェットは1機もなかったそうですが、現在では200機以上あるともいわれています。この数だけでも富裕層の台頭ぶりがわか

ります ね。

自分の都合に合わせてフライトできることがステイタスであり、文字どおりプライバシーを守れることもプライベートジェットを選ぶ理由でしょう。私たちのお客様で、ご主人は「超」のつく大金持ち、奥様は20代後半の有名女優というご夫婦が以前、プライベートジェット2機で日本へいらっしゃいましたが、その典型でしょう。

おふたりは2週間滞在しましたが、成田空港にプライベートジェットは1週間しか置いておけないと言われ、

「はいはい、それでは羽田空港に移動させます」

と二つ返事で成田から羽田に飛行機のお引っ越し。この移動だけでも数百万の費用がかかったでしょう。まさに大富豪です。

ついでにお金の話をしますと、機種や大きさにもよりますがプライベートジェット1機購入で数十億円はくだりません。加えて駐機代、整備費、燃料代など年間の維持費が2、3億円はかかるそうです。そして訪日した際には、空港の使用料や停留料、着陸料などがかかり、1週間置いておくだけで数百万円かかるのではないでしょうか。もちろん燃料費もかかります。さらにパイロットや乗務員の給料、宿泊代、食費など

も負担します。つまり、プライベートジェットで訪日するだけでも1000万円近くかかるわけです。

一方、チャーター機で訪日する方もいらっしゃいます。上海から羽田空港まで往復300〜400万円だそうです。チャーター機は、所有者が乗らないときにレンタルするケースが多いそうです。所有者は年間維持費だけで2、3億円かかるわけですから、いくら富豪とはいえ、少しでも負担を減らしたいと思うのは当然でしょう。

最近はプライベートジェットを手放す方もいます。お金の問題もあるでしょうが、それほど利用価値がなかったと考える方もいるでしょう。また最近は、中国経済の減速に伴い、先行き不安、さらには政府の進める腐敗撲滅運動の影響で、派手なこと、目立つことは控えたいという心理も働いているようです。

ところで、プライベートジェットで来日する目的の一つは、思う存分、買い物をしたいというのもあるようです。定期便では荷物の制限があるからです。なかには、日本で気に入ったミネラルウォーター「い・ろ・は・す もも」を何十ケースも買って持ち帰った方も。銀座で洋服などを大量に買い込み、結局、積みきれなかったという仰天のエピソードを聞いたこともあります。

何事も即決、せっかちな北京人、熟考型で政治とビジネスを割り切る上海人

同じ中国人富裕層でも「富一代」と「富二代」では性格や嗜好などにも違いがあると書きましたが、都市による違いもあります。なにしろ広大な面積を持つ中国、地域によって気候風土、文化や食、人種まで異なります。さらに国家のベースとなる言葉さえ違うわけですから。

北京の人と上海の人が会話するときは普通語（北京語ベース）を使うので、意思の疎通がはかれないことはありませんが、それだけ多様性を持つ国です。北京の人は、上海の人たちが上海語で話していたら、何を言っているかほとんどわからないでしょう。あいさつの「ニーハオ」さえ、広東語では「ノンホウ」、発音だけでなく、漢字でも「你好」と「儂好」と異なるのです。

例に挙げた北京と上海は中国を代表する二大都市ですが、言葉はもちろん、都市としての性格も異なります。

北京はご存じのとおり、中国の首都であり、政治・文化の中心です。北京大学、清華大学など中国最高峰の大学もあり、若いエネルギーに満ちあふれた地区です。文化の中心ですから芸能事務所も多く、そこに所属する芸能人には、私たちのお客様もた

くさんいらっしゃいます。

また、日本ではあまり知られていないようですが、「ITの街」という顔もあります。北京郊外に位置する中関村《ちゅうかんそん》は「中国のシリコンバレー」といわれ、中国最大のIT企業である「聯想集団（レノボ）」をはじめ、ITで起業を目指す人たちが集っています。

日本人のなかには、北京というと厳かな古都をイメージされる方もいるようですが、エネルギッシュで華々しい一面もあるのです。

片や上海は経済の中心、世界の金融センターとして知られています。人口、都市のGDPでも北京を上回っています。また上海は「ファッションの街」であり、おしゃれな人が多く華やか、中国でも最先端をいくグローバル都市です。ちなみに日本企業の駐在員やその家族など日本人が多く約4万人が暮らしています。

私たちのお客様の半数以上は北京か上海のどちらかに住んでいます。あくまでも私自身が彼らに接してきての印象ですが、上海の人たちは、何かを決定する際、事前にリサーチを徹底し、論理的に納得のうえで判断します。その点では日本人的です。一方、北京の人たちは即断即決、判断が早い。つまり、スピード感を重視するのです。

言い換えれば、せっかちとも言えますが……。

日本に来て、日本人の丁寧な対応に対して、ときにイライラすることがあるのは、北京の人たちのほうが多いと思います。

また、上海の富裕層はいい意味でドライ。数年前、中国全土で反日デモが起こり、上海でもおこなわれました。そのタイミングで訪日した上海の富裕層は、

「反日は政治の話、私たちには関係ないよ」

と、きっぱり。政治とビジネスを割り切って考えるのが上海の富裕層なのです。

成金イメージは今は昔、紳士・淑女の中国人富裕層

中国人富裕層の人柄について触れておきましょう。もちろん、人それぞれ個性がありますが、共通するところもあるのです。

日本では、中国人富裕層に対してどうしても「成金」というイメージがつきまとうと思います。恰幅のよい体躯、金の太いネックレスに指輪や時計も金ピカ。お金の臭いをプンプンさせながら、派手な女性を連れて我が物顔で歩く。金払いはいいけど、ちょっと気に入らないことがあると不貞腐れる……。つまり、あまりお近づきになり

たくない人物像ですね。

たしかにこうしたステレオタイプの中国人成金はいました。しかし、それは「富一代」よりも少し上、現在60歳前後からそれ以上の世代です。

彼らは改革開放政策の直後、目端を利かせて次々と儲かりそうな商売に手を出し、泥くさく蓄財してきた人たち。この世代は、文化大革命の煽りできちんとした教育を受けることができない世代でもありました。中国でも、「爆発的にお金持ちになった成金」という意味で「爆発土」と呼ばれています。

一方、「富一代」といわれる人たちはそのひと回り下の世代です。文化大革命の混乱も収まり、大学にも進み、留学経験もある世代です。同じゼロからでも知識や発想力、経験、あるいは人脈を活かし、いわば、スマートに勝ち抜いてきた人たちです。中国最大手のeコマース「アリババ」創設者のジャック・マー（馬雲）さんなどはその代表的な人でしょう。

私たちのお客様のなかには「爆発土」のようなイメージの方は皆無です。ひと言でいえば「紳士・淑女」。身につけるものも金ピカでもなく、ロレックス（ROLEX）の腕時計もしません。スーツはアルマーニ（ARMANI）、日本人よりも体格がいいのでよく似合っています。

また、いつもニコニコしており、金持ちぶることも、大きな声を張り上げるようなこともありません。約束の時間は守りますし、何かお手伝いすると必ず「ありがとう」と言ってくれます。診察などで時間が押したときには、

「夏川さん、次の用事があるなら先に帰っていいよ。私はタクシーで帰るから」

と、こちらを気遣ってくれます。

日本の一般の人たちは現在の中国人富裕層と接する機会があまりないでしょうが、ステレオタイプのイメージをいまも持たれているのは残念ですし、もったいないと思います。

彼らは日本が大好きだし、日本人ともっと仲良くなりたいと思っています。

中国人富裕層を取り込むビジネスチャンスは確実にありますし、その見返りは皆さんの想像以上に大きいことは間違いありません。

第2章　中国人富裕層が求めているもの

日本の「匠の技」と「安全・安心」には、金に糸目をつけない

これまで何千人もの中国人富裕層と接してきた経験から言えるのは、彼らが日本の製品や医療、サービスにおいて最も重視しているのは、日本の「匠の技」と「安全・安心」だということです。

富裕層が質の高いものを求めるのは当然ですが、それはすなわち、メイド・イン・ジャパンの高品質、安全・安心なサービスを買うということにほかなりません。彼らは、中国で販売しているものを信用していません。信頼しているスイス製や日本製の高級腕時計だとしても、中国では本物とは限らないからです。

そして、品質の高い製品には金に糸目をつけないということです。モノだけでなく、サービスについても同様です。

私たちがおこなっている医療インバウンド事業も、日本の医療に対する安心感、そして日本人独自の高い技術があるからこそ、です。施術の技量もそうですが、医療器具一つとっても繊細で工夫が施されており、それを見ただけで中国人は大いに感心します。

また医療でのサービス面でいえば、患者さんの話をじっくりと聞いて、治療前には

懇切丁寧に説明したうえでインフォームドコンセントを得ようとする姿勢も彼らを感動させます。中国ではまるでベルトコンベアで運ばれてくる部品を次々と検品していくような機械的な診察ばかりだそうです。

日本の大きな病院のなかにも「待ち時間3時間、診察3分」などと揶揄されるような病院もありますが、私たちが提携している病院やクリニックは、国籍を問わず、患者さん一人ひとりに丁寧に向き合っています。

彼らが求める「匠の技」と「安全・安心」、これはどんな分野でも、日本のお家芸でしょう。彼らが求めるものが日本には備わっているのです。

「あなたのために」が中国人富裕層攻略の決め台詞

もう一つの大きなポイントは、中国人富裕層は「あなたのために」というオーダーメイド的なサービスに惹かれるということです。たとえば不動産を購入する際、一般に売り出されている物件よりも非公開の物件、つまり、

「あなたのためにご用意しておいた物件です」

というフレーズに弱いのです。それが富裕層のプライドをくすぐるのでしょう。

エステティックサロンなどでも、

「これはあなたのような方にぴったりの美容クリームです」

と言えば、興味をそそられるわけです。

飲食店でもメニューに載っていない「特別メニュー」「裏メニュー」を喜びます。すすめるときは、

「あなたのような方に食べていただきたい」

あるいは、

「数に限りがありますので、あなただけにお出ししますよ」

というセリフを添えると間違いなく注文するのではないでしょうか。もちろん、その言葉に相応する美味しい料理、珍味でなければ逆効果ですが……。

モノや食だけではありません。ホテルや旅館の対応でも、

「あなたのために、特別に海が見える部屋をご用意いたしました」

といったひと言が効果的です。

室内には特別な置物や花などを飾るのもいいでしょう。

また、マニュアルに頼らず、通常はお断りするような要望にも、臨機応変、柔軟に

対応することも、ときには必要でしょう。特別感を感じてもらえるような、接客、演出が中国人富裕層の心をくすぐる極意なのです。

ホテル替わりに広い分譲マンションを探す富裕層

中国人富裕層が日本滞在中、不満に思うことがホテルの狭さです。中国で豪邸や超高級マンションに住んでいる彼らからすれば、日本のホテルのシングルやダブルの部屋は、自宅のペットの部屋よりも狭いのです。

中国の大手広告会社社長と会食している最中、急に、

「都内の物件を買いたいから不動産屋に行こう」

と切りだされました。その社長は２カ月に一度ほどの割合で来日しているのですが、そのたびホテルに泊まるのが苦痛になってきたそうです。そこで、私と会食中にホテルよりも広いマンションの購入を思いついたのだそうです。

突然でしたが、その後の予定をキャンセルして私はすぐに物件内覧の手配をしました。中国人富裕層とつき合っていると、こうした突然の要望はよくあります。彼らは思い立ったらすぐに行動したいのです。受け入れる側も素早く対応することが肝心な

のです。

その後、赤坂の80平方メートル、1億円以上する物件などを一緒に内覧しましたが、それでは狭すぎるようで、その日は購入を断念しました。

後日新たに「300平方メートル以上の部屋を」という要望が届きました。しかし、都内でそこまで広い物件はなかなか出てきません。私も不動産仲介業者ではありませんので、その後は不動産業者さんに任せていますが、中国人富裕層の眼鏡にかなった物件はなかなか見つからないようです。

中国人が都内のマンションを購入すると、投資のためと思われがちですが、私のおつき合いのある富裕層の皆さんは、投資ではなく、自分がたまに日本に来たときに住む部屋として、購入されるケースが多いと思います。それは、ホテルが狭いからです。リゾートマンションや別荘なども、投資目的ではなく、家族や友人同士で滞在するために購入するケースが大半です。

皆さん、それだけ日本が大好きなのです。

不動産投資でも日本は「安全・安心」の国

もちろん、なかには真剣に不動産投資を考えている人もいます。最近、中国本土の不動産投資は停滞していますから。先日も中国メディアに「中国の不動産バブルは崩壊するのか」という記事が掲載されていました。

記事では、現在の大都市の不動産価格が高すぎることを挙げています。北京や上海の平均的不動産価格は一般的な平均所得の20～35倍以上となっており、これは日本のバブル期の水準を超えています。このままの状態が続くと、やがて買い手がつかなくなり、あとは暴落だけという見方もあると紹介していました。

私も北京の友人に話を聞いたところ、たしかに「いまや持ち家は、庶民にとって高嶺の花だ」と言っていました。また売買に関する規制も厳しくなり、一人2軒までしか保有してはいけないとか、住宅ローンは価格の半額分までしか組めなくなったそうです。5000万円の住宅を購入しようと思えば、2500万円は自己資金で払わなければならないわけです。

一方、日本はここ数年、不動産価格が上昇しています。東京オリンピック・パラリンピック2020、さらにカジノ構想なども動き出し、見通しも明るいといわれています。

こうした両国の情勢を踏まえ、中国から日本へ不動産投資をシフトする中国人が増加しているのです。

さらに日本の不動産投資では、投資マンションを購入した場合、家賃収入の利回りが中国よりも高く、入居率も高いので、リスクが低いようです。購入後は、不動産管理会社にすべて任せられる安心感があり、メンテナンスもきめ細かいので物件がいつまでもきれいな状態で保てるといったメリットがあります。

不動産投資の分野でも中国人から見ると、日本は「安全・安心」の国なのです。

さらに中国人が日本に不動産を求める理由は、「土地を所有できる」ということです。中国では国土は国家のもの、土地を所有することはできません。売買できるのは、使用権だけなのです（住居用で70年）。

日本で土地を購入することは、「自分の土地を持てる」ということであり、子孫に残すこともできるのです。

近年、北海道や沖縄など、日本全国で中国人が土地を買い占めていることも話題になっています。いまや日本の国土の2％を中国人が所有しているというデータもあります。その背景にも、「土地を所有し、永住できる自宅が欲しい」という中国人の願望が含まれているのです。こうした買い占めは日本だけでなく、アメリカやカナダ、オーストラリアなどでも起きているのです。

日本企業のブランド力・技術力への投資も意欲的

投資先は不動産だけではありません。中国企業による日本企業の買収も相変わらず盛んです。２０１７年には、中国の電機メーカーである海信集団（ハイセンス）が、経営再建中の「東芝」のテレビ事業を買収して話題になりました。東芝に関しては、その前年に美的集団（ミデア）が同社の白物家電事業を買収しています。過去には、家電メーカーでいえば、聯想集団（レノボ）が「富士通」のノートＰＣ事業、海爾集団（ハイアール）が「三洋」の白物家電事業をそれぞれ買収しています。

買収の背景の一つは、中国企業が、世界的にも名の知れた日本の一流ブランドを手に入れることで、中国製品の認知度を高める狙いがあるといわれています。実際、東芝のテレビ部門買収では「ＴＯＳＨＩＢＡ」ブランドを40年間、世界で使用できる権利も取得しています。つまり、海信集団（ハイセンス）は、東芝の知名度や信用力を利用して販売力強化につなげたいのでしょう。

最近では日本のゲーム業界も買収のターゲットになっています。2016年には「中国版ライン」といわれるウィーチャット（WeChat：微信。5章166ページ参照）や、スマホ決済機能であるウィーチャットペイ（WeChat Pay）を展開するテンセント（騰訊）グループが、ソフトバンク傘下のスーパーセル（フィンランド）を買収しました。同社は、世界的に人気のスマホ用ゲーム「クラッシュ・オブ・クラン」などを開発した会社です。ウィーチャットユーザー向けにスマホゲームを提供することで収益を上げており、そのほかにも世界的なゲームメーカーを次々と傘下に収めています。

中国はいまや世界最大のゲーム市場で、2017年の市場規模は3兆円を超えているそうです。何事もスケールが大きいですね。

最近では、人気ゲームソフト「モンスターハンターワールド（通称：モンハンワールド）」を開発した日本の「カプコン」と提携し、2018年8月、自社のパソコン向けのプラットホーム「ウィーゲーム」でサービスを開始しました。

ところが発売からわずか5日後に当局からの要請で販売が中止の事態に。ゲーム内容に当局の基準を満たしていない部分があったということですが、このあたりも中国らしいというか……。どうやら、中国ではゲームをはじめ、ネット上の表現全体で規制強化の動きもあるようです。

それはともかく、中国による投資は大企業だけでなく、近年は中小企業の買収やM&Aにも積極的です。日本では規模は小さくても、独自の高い技術を持っている会社はたくさんあります。その技術力を欲しがっているわけです。

私たちのお客様である中国人富裕層の間でも投資の話がよく出ます。ホテルやショッピング先などで気に入った物件を見つけると、相談を受けることもあります。ただ、弊社は不動産会社ではないので、そのクラスの物件の相談にはさすがに乗れませんが……。

それだけ中国人富裕層にとって投資は身近であり、頭の中で常に考えていることなのでしょう。

ときには気に入ったお店があると、

「あの店の料理、中国でも食べたいから、中国にお店出さないかな。出資するよ」

といった話もときどきあります。じつは弊社にも、

「夏川さんの会社、いいビジネスだよ。よかったら投資するよ」
いまのところ、弊社では受ける予定はありませんが……。

なぜボクシングの木村翔選手は中国で人気者になったのか？

２０１８年９月24日、名古屋市でボクシングのＷＢＯ世界フライ級タイトルマッチがおこなわれました。チャレンジャーの田中恒成選手が判定勝ちし、プロ入り12戦目、世界最速で３階級制覇という偉業を成し遂げました。

王座から陥落したのが木村翔選手。失礼ながら、世界チャンピオンといっても国内での知名度は低く、報道でも田中選手の偉業ばかりがクローズアップされました。しかし、中国では木村選手の敗戦が大々的に報じられ、大勢のファンが落胆しました。

じつは木村選手、中国では卓球の福原愛選手に匹敵する人気の日本人アスリートなのです。

木村選手の名前が一躍、中国全土に広まったのは２０１７年７月、上海でおこなわれた鄒市明《ゾウシミン》選手とのタイトルマッチでした。

鄒選手は、北京オリンピック２００８、ロンドンオリンピック２０１２の２大会連続金メダリストで、世界チャンピオン、中国の国民的英雄です。奥様も国営放送（CCTV）の元キャスターで、いまは実業家、地位も名誉も、美しい伴侶も得た、絵に描いたようなヒーローです。

この試合、下馬評では圧倒的に鄒選手が有利といわれ、木村選手本人も、のちに「オレは噛ませ犬だった」と振り返っているほどでした。

ゴングが鳴ると、予想どおり、鄒選手が攻勢を仕掛け、木村選手は流血してドクターチェックが入る展開。それでも木村選手は打たれても打たれても前に出て、反撃に出ます。

そして迎えた11ラウンド。ついに木村選手がダウンを奪ってレフェリーストップ、木村選手はジャイアントキリング（大番狂わせ）に成功したのです。

試合内容もさることながら、試合直後、木村選手がひざまずいて、元王者を讃えたことも、中国の人たちの心に響いたようです。

さらにその後、木村選手が日本で家賃５万円のボロアパートに住み、アルバイトで生計を立てていることが判明します。その苦労人が異国の地でエリートボクサーを倒して王者になる……というサクセスストーリーに中国人は熱狂したのです。中国では

「雑草」「労働王者」といったニックネームがつけられました。

２０１８年7月には再び中国で初の防衛戦をおこない、フィリピン選手に勝利、人気はさらに高まりました。

今回の試合の前には、世界三大蒸留酒の一つ「貴州《キシュウ》茅台酒《マオタイシュ》」と、北京ダックの老舗チェーン「全聚徳《ゼンシュトク》」という中国でも有名な2社が木村選手のスポンサーになりました。東京都新宿区高田馬場にある所属ジムには、木村選手に近づきたいと、約20人の中国人が入門してきたそうです。

現在の中国人のメンタルが見えてくるような話ですね。

スマホ大国・中国、フリーWiFiスポットが少ないのが不満

２０１８年6月、中国の西安にスマホ専用道路がつくられ、話題になりました。「歩きスマホを容認しているようだ」と批判も集まりましたが、「安全が保障されていないことだ」という声も多くあったそうです。訪日中国人のなかにもスマホ片手に歩いている人をよく見かけます。

いまや中国人、とくに都市部に住む人にとっては、スマホは必需品であり、中国の

社会や文化に大きな変革をもたらしました（詳細は5章参照）。

もちろん、日本もスマホによって生活が大きく変わりましたが、中国では日本のそれをはるかに超える影響力です。中国全土での普及率は68％、日本の65％を上回っています。都市部に絞ると、北京や上海、広州などではじつに95％以上といわれています。日本では東京でも90％に達していません。

なぜ、みんなスマホかといえば、「スマホしかない」からです。

もともと電話線網の整備が進んでいない中国では、一般家庭には固定電話がありません。電話といえば、携帯でした。もちろん、現在のような経済成長が起こる前は携帯を持てる人は限られていました。

そして、その後の爆発的な成長で誰もが携帯を持てるようになったときは、すでにスマホでした。日本のように長いガラケー時代がなかったわけです。ガラケーを飛び越えて一気にスマホ時代に突入。だから、電話機を保有する最初がスマホという人が多いのです。

そんなスマホ大国からやってきた人たちにとって、日本のネット環境には不満の声が多いですね。街中にフリーＷｉＦｉスポットが少なすぎます。

中国の大都市、とくに上海では、駅やバスターミナル、公園や病院などには必ずWiFiスポットが設置され、市内の至るところで利用できます。北京も、上海ほどではありませんが整備が進んでいます。ほとんどのレストランやカフェで利用できます。

日本国内でも2016年に総務省と観光庁がおこなった「訪日外国人旅行者の国内における受入環境整備に関する現状調査（2015年度版）」で、訪日外国人観光客が旅行中に困った点として、「無料公衆無線LAN環境」がトップ（46・6%）だったことを受けて、整備の必要性が広く知られました。しかし、翌年度版では2位（28・7%）と大幅に下がったことから、整備が進んでいることがわかります。

先進国である日本でフリーWiFiの整備が進まなかったのは、セキュリティの問題や、各通信キャリアの思惑などもあるのでしょう。また、「モバイルWiFiや格安プリペイドSIMを使ったほうが利便性は高い」という声もあります。

ただ、通信インフラとして、フリーWiFiがどこでも使えるというのは、安心感につながります。

東京オリンピック・パラリンピック2020を控え、さらなる整備を進めてほしいですね。それが中国人の願いだと思います。

待たされないことが中国人富裕層の特権？　医療機関も30分以上はNG

日本での不満という点で訪日中国人富裕層が最も感じているのは、「待ち時間」ではないでしょうか。格別、気が短いわけではありませんが、大半の富裕層は待たされるのが嫌いです。それだけ時間を大切にしているからでしょう。

日本の医療機関を選ぶ理由の一つも、待たされることが少ないからです。病院の廊下が満員電車並みになることも珍しくない中国の病院では、待つことは当たり前、１日がかりになってしまうこともあります。もちろん富裕層の方々は、並んで診察を受けることはありませんが、それでもかなり待たされることもあるようです。

もっとも日本の医療機関でも、その日の診察状況で予約時間がずれることがあります。待ち時間が30分以上にもなれば、彼らはあきらかに不機嫌になります。富裕層の方々は「待たないことが富裕層の特権」と考えている節があり、待たされると、悪い扱いを受けていると感じてしまうのです。

医療機関だけなく、どんなシーンでも同様です。まだ訪日経験が少ない人は、デパートやブランドショップで大きな買い物をした際、包装やら、会計で長い時間待たされることにとてもイライラします。たしかに一度に何百万、ときには何千万円も買い物をするわけですから、時間がかかるのは当たり前といえば、当たり前なのですが……。

そこで、慣れた人は買い物が終わると、アテンド（案内）しているスタッフにクレジットカード（ブラックカードの人が大半）を渡して、次の目当てのショップに先に行ってしまうことも。弊社のお客様のなかにはブラックカードを何十枚も所有している人も少なくないのです。また購入するものが決まっている場合は、私たちにカードを渡して、買いに行かせることもあります。

デパートなどでは購入金額に応じてポイントが付帯されるカードを発行していますが、中国人富裕層の多くは、ポイントをつけてもらうことはしません。

何百万円も買うのだからポイントも相当つくわけですが、ポイントの処理をしてもらう時間ももったいないと考えるのです。私たちからすると、ポイントをつけてもらわないほうがもったいないと思うのですが、それだけ徹底しているということです。

私たちもアテンド中にお客様が待たされるようなことがあると緊張することもありますが、なるべく、気分を損ねないよう、うまくとりなすようにしています。

もっとも皆さん、紳士・淑女です。イライラするようなことがあっても、大きな声を出したり、クレームをつけることもありません。

日本人は、中国人に対して「キレやすい」というイメージを持っている人が多いようですが、中国人も人ぞれぞれです。まして富裕層の方々は些細なことでキレるようなことはありません。

中米関係の悪化で日本の医療インバウンドが増加する可能性大

「アメリカでの難点は食事。毎日ステーキでは、健康になるどころか、悪化させて帰ることになってしまう」

それまでアメリカで健診を受けていたAさんは、冗談とも本気ともとれない口調で自嘲気味に話します。

Aさんは40代後半、北京で投資会社を営む富裕層。弊社のお客様からの紹介で、2018年から日本で健診を受けるようになりました。

なぜ日本に変えたのかというと、アメリカがトランプ体制になったことが影響しているそうです。

「トランプ大統領になって中米関係は悪化、いまではお互いに関税を引き上げるなど、まるで貿易戦争のような状態。そういう国で健診を受けるのはやはり気が引けてね」

対立関係が続くなか、アメリカのがん治療で名高い病院が中国人患者の受け入れを拒否する動きもあるそうです。

アメリカは医療インバウンド・ビジネス発祥の地とも言えます。日本のような国民皆保険制度がないアメリカでは自由診療が基本で、高額な医療費、私費保険、さらに病院での待機時間が長いなどの問題を抱えていました。そうしたなか、アメリカ人は90年代半ばから、安価で待ち時間もなく、設備も整っていた南米などの医療機関に健診や治療を受けに行くようになったのです。

また、同時期に中東産油国の富裕層は、英米のインターナショナル・ホスピタル（国際病院）で健診や治療を受ける人が増えはじめました。彼らは命のためなら高額な健診料・治療費も惜しみません。

こうしてアメリカは、送り出す側・受け入れる側の両面で医療インバウンド・ビジネスをリードしてきた国です。

しかし、２００１年のあの事件で事態は変わってきます。９月11日に起きた同時多発テロです。以降、アメリカは中東などイスラム圏からの入国審査を厳格化しました。

アメリカに代えて中東の富裕層が向かったのは、当時、経済発展著しかったシンガポールやタイなど、アジアの国々でした。受け入れる国側も国策として医療インバウンドに力を入れ、多くの富裕層を迎え入れたのです。

アメリカはといえば、中東などイスラム圏の富裕層は減りましたが、代わりにやってきたのが、当時、急激に増えはじめた中国の富裕層でした。

こうしてみると、現在進行中の中米間の貿易戦争の先の見通しはわかりませんが、同時多発テロ後の状況同様、中米の関係悪化に伴い、アメリカは中国の富裕層による医療インバウンドが減少する可能性があります。そして、その受け入れ先として、日本が台頭する余地は十分にあるのではないでしょうか。

冒頭のAさんも初めての日本での健診は大満足のようでした。

「やはり、アメリカと比べると日本は距離が近くてありがたい。診察も丁寧で親切。食事もヘルシーな和食があるから、アメリカと違って健康になった気がするね（笑）」

ありがたいことに、帰国の際には来年の健診も約束してくれました。

ホストクラブには興味なし、自分への投資にはお金を惜しまない

日本では「健康ブーム」という言葉がしばしば使われます。しかし、私が思うには、もはやブームなのではなく、日本に完全に定着している習慣、意識だと思います。

誰もが、健康のために毎日ウォーキングする、身体によいものを食べる、健康診断を毎年受けるなど、健康を回復・維持するために何かしら実行していることがあるのではないでしょうか。

その点、中国では一般的にはそこまで健康を意識する人が多いとは言えません。しかし、富裕層の方々は違います。

私たちのお客様には女性が多いのですが、健康あるいは美容に関してストイックな人ばかりです。炭水化物をなるべく摂らず、甘いものも極力控えています。なかには毎朝のジョギングを日課にしている女性もいます。

したがって、食事も「美味しいものを少しだけ」というスタンスです。

日本に滞在中の夜は、食事の後にクラブなどに行くこともありますが、ここでも高級ワインやウィスキーを少したしなむ程度です。

いつだったか、中国でも人気のある女優のBさんと夜の繁華街を移動中、ホストク

ラブの看板にホストたちの顔写真がズラリと並んでいました。私が冗談半分で、

「たまにはホストクラブとか行ってみませんか。日本のリッチな女性や芸能人のなかにはハマる人も多く、ひと晩で何十万、何百万円も使うこともあるそうですよ」

と水を向けると、

「興味ないわ。それになんだか、みんな下品そうね」

と、そっけない返答。さらに続けて、

「こういうところに通って大金を使うのは、きっとどこか満たされていない女性よね。私はいまの生活に満足しているから、興味ないし、こんなことにお金は使わないわ」

その翌日、彼女は銀座の美容クリニックで大量の美容液やサプリメントを買い込んでいました。

自分への投資には、お金は惜しまないのです。

融通のきくサービスに感激し従業員全員にチップ10万円！

チップを渡すというのは欧米の文化、習慣です。日本でも中国でも、もともとはありませんでした。たとえば、欧米ではレストランで給仕するボーイさんにサービス料

としてチップを渡すわけですが、日本や中国ではサービス料は料理の代金に含まれているものとし、基本的には別途サービス料（チップ）を払いません。

しかし近年では、中国人富裕層も欧米での経験から習慣としてチップを渡す方もいらっしゃいます。ホテルのボーイさんなどに1000円、2000円をさりげなく渡していいます。また特別に、感謝、感動の気持ちとして渡すケースもあります。

私が遭遇したのは、お客様とレストランで食事中のこと。ランチタイムを過ぎてもスタッフの方が嫌な顔一つせず、笑顔で対応してくれました。そのお客様はきっと、母国や欧米ではあまりない経験だったのでしょう。会計時に1万円のチップを渡していました。

ディナータイムでは、料理も美味しく接客もよく、楽しいひとときを過ごせたお礼にと、お店の人たちに10万円ずつ渡すという太っ腹な方も。このときは多少アルコールも入っていましたが。

融通のきくサービスに対し、自身がうれしく感じたり、心地よかったときには、お金やプレゼントというかたちで表現するのが中国人富裕層の方々です。

手前味噌ですが、私もお客様からチップやブランド品などのプレゼントをいただくことが日常的にあります。リピーターの方からは訪日するたびに中国の最高級茶葉やお酒などをお土産としていただくことが多々あります。

医療施設に対しても同様で、予約を入れる際に毎回、最高級の胡蝶蘭をクリニックに贈る手配を頼まれることや、健診や治療後に医師にプレゼントを渡すよう頼まれることもあります。

ウニを食べない人はお金儲けができない⁉　美味しい食が明日への活力に

中国人ばかりでなく訪日外国人観光客が楽しみにしているものといえば、「和食」でしょう。そのなかでも寿司や刺身はいまや定番ですね。

生で魚を食べる習慣がある国は少なく、かつては敬遠する人も多かったようです。しかし、魚が身体によい食材であることが知られ、回転寿司も世界中に進出している近年では、刺身や寿司に抵抗を感じる人は減ってきたのではないでしょうか。

ちょっと意外かもしれませんが、中国人の間では、

「生で食べられるということは、それだけ安全・安心ということ。誤魔化しようがないわけだから」

と考える人も多いのです。中国では相変わらず食品偽装が頻繁に起きていて、食材に対する疑念が常につきまとっている影響かもしれません。

そもそも中国は食材を生で食べるという食文化がなかった国です。魚はもちろん、野菜でさえそうですから生サラダなんてありませんでした。それが「生が安全・安心」と考えるようになったのですから、本当に中国という国は変わったと思わざるを得ません。

外国人に人気の寿司ネタといえば、マグロ、サーモンが知られています。中国人にもそれらが好きな人はたくさんいますが、最近、中国人富裕層の間で人気なのが、ウニです。お寿司屋さん（もちろん、回らない高級店）にお連れすると、大半の方が注文されます。

ウニは中国でも、とくに沿岸部では広く食されている食材ですが、蒸して食べるのが一般的で、その他スープに入れたり、ウニソースにしたりしています。もちろん、生で食べることはありません。

じつは一般の中国人の間では、ウニはイクラとともに食べたくない寿司ネタのツートップです。なぜ、富裕層の方々は大好きなのでしょうか。

聞いてみると、「濃厚でクリーミー、とろけるような味わい、そして独特の甘みもたまらない」のだそうです。そこで私は、ふと気づきました。富裕層の方々が食べているウニは、鮮度も抜群の最高級のウニなのです。

もちろん、回転寿司のウニが美味しくないと言っているわけではありません。しかし、ミシュランガイドの星がつくようなお寿司屋さんで食べるウニは別格なのです。

ある富裕層の方が、

「ウニを食べない人はお金儲けできないよ」

と冗談めかしておっしゃっていましたが、つまり、「本物の味を食べたければ、お金儲けをしろ」ということを言いたかったのではないでしょうか。

いずれにしろ、日本に来て美味しいものを食べることが、明日への活力となっているのでしょう。

人気のクルマはアルファード、700万円が中国では2400万円に！

中国人富裕層が好むクルマといえば、一般的にはベンツやロールスロイスなどが定番でしょう。またクルマが好きな方なら、フェラーリやランボルギーニなどのスーパーカー、あるいはクラシックカーなどを何台も所有しています。

ちょっと意外かもしれませんが、中国人富裕層の間で最近人気なのが、アルファードです。成田や羽田空港に行くと玄関口付近の路上に、アルファードが何台も並んでいる光景を目にします。その多くが中国人富裕層の送迎のためのクルマです。事前に運転手付きでレンタルしているのもあれば、いわゆる白タクもアルファードが多いようです。

アルファードはトヨタの最高級ミニバンです。ミニバンの魅力は、乗車定員数が多いこと（7、8人乗り）、荷物がたくさん積めることにありますが、それだけでなく、アルファードはベンツなど高級セダンに負けない乗り心地で、シートや内装も高級車仕様であることでしょう。また、後部ドアも両側自動スライドドア、乗降もとてもスムーズでラクです。そして、中国で生産していない、完全メイド・イン・ジャパンであることも富裕層に安心感を与えています。

その人気は、訪日したときだけでなく、中国でも同じです。

2017年12月、マイナーモデルチェンジし、中国での発売が決定するやいなや、予約が殺到したそうです。

日本国内では３５０~７５０万円ほどの車体価格ですが、中国では高級グレードになると１５００万円ほどします。輸入車なので関税や付加価値税、消費税などがかかるためです。

しかし、驚くのはここから。輸入車のため台数に限りがあり、すぐに欲しい人は「いくら高くてもいい」ということで、価格がさらに高騰してしまうのです。

ある方は、待たずに入手するために２４００万円ほどかかったそうです。もはや、ベンツの最高級車並みです。富裕層にしか入手できない価格であり、いまや中国ではアルファードが彼らのステータスとなっているのです。

第3章　医療サービス——日本への絶対の信頼を裏切るな

独立して会社設立、日本とアジアの懸け橋に

私は北京生まれの北京育ちですが、父が中国国営新華社通信（新華通訊社）の日本支社に長年勤めていたことから、子どもの頃から日本に興味がありました。大学は千葉大学の工学部に留学しました。

大学卒業後も日本に残り、一部上場のＩＴ企業に就職、その後、印刷会社に転職し、国際営業に携わっていました。

そして２０１１年、「ブリジアン株式会社」を設立しました。日本と中国を中心としたアジア諸国をつなぐビジネス・マッチングファームをつくろうと思ったのです。

社名は、「ＢＲＩＤＧＥ ＯＦ ＡＳＩＡＮ（アジア人に架かる橋）」を略した造語です。単にビジネスとしてのみではなく、アジア各国の人やモノ、文化を、人種や国籍、言語といったそれぞれの間に横たわる河を越えるための橋渡し的な役割が果たせたら、という思いも込めました。

起業を決断したのは、日本語と中国語、バイリンガルな語学力を活かしたいという思いと、国際営業で培ってきた国際感覚や人脈、さらに父を通じて得られた中国の政府要人、会社経営者、マスコミなどとの太いパイプを活かそうと思ったからです。

後述しますが、中国はもともと、強固なネットワーク社会です。「圏子《チィエンズ》」と称されていますが、血縁や地縁、出身学校などを核としたつながりを非常に大切にしているのです。もちろんビジネスにおいても、人脈、ネットワークはとても大きな武器になるのです。

こうして出発したブリジアンでは、中国国営新華社通信（新華通訊社）や国営放送（ＣＣＴＶ）、中国を代表する出版社、北京端麗雑誌社などと提携し、日本企業に対して中国進出へのプロモーション支援、中国ＷＥＢマーケティング支援などを主な業務として、これまで順調に業績を伸ばしてきました。

医療インバウンドに出遅れた日本、巻き返しのチャンスはある！

あるとき、日本のあるクリニックから中国でのプロモーション支援を依頼されました。私たちは、クリニックの院長を前面に打ち出し、知名度を上げる戦略を練りました。テレビや雑誌、ＷＥＢサイトなど、さまざまな中国メディアを通じて院長を頻繁に露出させました。

結果、予想以上に早く、そのクリニックの院長は中国でも知られる存在となり、クリニックで健診や治療を受けようと訪日する中国人が急増したのです。

プロモーションとしては大成功でしたが、困ったのは受け入れ体制。次々と来る中国からの問い合わせや患者さんにクリニックは対応しきれなくなったのです。これが弊社として医療インバウンド事業に関わるきっかけでした。

当時、「医療インバウンド」という言葉は一般的には認知されていませんでした。しかし私は、このクリニックの盛況ぶりから、

「これは今後、ビジネスになる！」

と、直感しました。

そこで調べてみると、2010年に日本経済の回復・成長に向けて「新成長戦略」が閣議決定され、国際医療交流（外国人患者の受け入れ）が打ち出されていたことがわかりました。訪日外国人消費の増加を目指すなかで、医療インバウンドが組み込まれたわけです。また、医療を通じての国際貢献、日本医療の海外展開（アウトバウンド）のきっかけとする期待も込められていました。

2章でも述べたように、医療インバウンド・ビジネスは90年代半ば、中東産油国の富裕層がアメリカやイギリスの国際病院で健診や治療を受けるようになったのが始ま

りです。しかし２００１年、アメリカ同時多発テロが起こると、アメリカは中東などイスラム圏からの入国を厳格化。そこで中東の富裕層は、シンガポールやタイなどアジアの近代的な病院に向かうようになりました。

受け入れる側も国を挙げて医療体制を整え、中東をはじめ各国から患者を続々と迎えるようになりました。医療インバウンドを国家資源としてとらえ、医療を国際展開する新たなビジネスモデルとして確立していったのです。

２０１０年にようやく国策として国際医療交流に着手した日本は、この分野では完全に出遅れたわけです。

しかし、日本の医療技術は世界でもトップクラスにあることは間違いありません。受け入れ体制さえ整えば、きっと出遅れを取り戻せるはず。もちろん、ショッピングや観光地としての魅力もあります。

こうしてブリジアンでは、強いコネクションを持つ中国人富裕層をターゲットに、本格的に医療インバウンド・ビジネスに参入したのです。

国際医療交流コーディネーターの登場

２０１０年以降、日本でも経済産業省、外務省が中心になって着々と各国からの患者受け入れ体制を整備しています。翌２０１１年には外務省が海外の富裕層を対象に「医療滞在ビザ」の発給を開始しました。

もちろん、それまでも医療目的で来日する外国人は短期滞在ビザで入国可能でしたが、医療滞在ビザによって、最大3年間の有効期限のうち、１回の滞在が90日以内であれば何度でも来日できるようになりました（数次来訪が可能なマルチビザの場合。90日以上は入院が前提）。また、患者本人だけなく、親族や介護士などの同伴者にもビザが発給されます。内容も、高度医療から人間ドックや検診、温泉湯治など各種医療サービスが受けられます。

外国人が医療滞在ビザを申請する場合、その窓口になるのは、外務省に登録された身元保証機関です。希望者はまず、外務省のホームページに掲載されている身元保証機関に連絡して、医療機関への受診を依頼します。

身元保証機関は、外国人患者と医療機関との調整をおこなうことから「国際医療交流コーディネーター」と呼ばれます。弊社も２０１４年に登録されました（登録番号

日本における医療滞在ビザ発給数

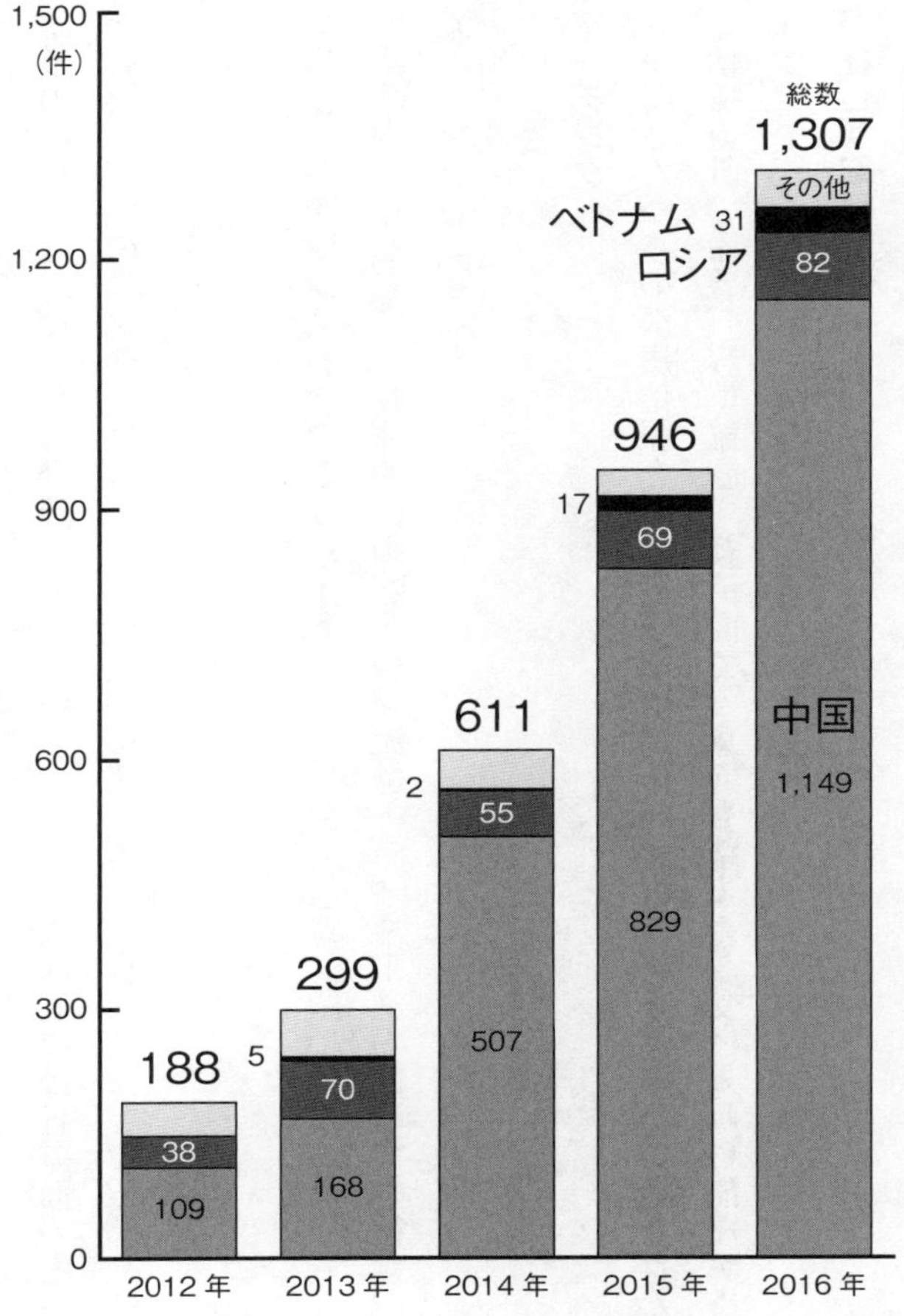

出所：経済産業省「国内医療機関における外国人患者の受入実態調査」

B－13）。
登録番号の「13」は、13番目の登録を表しています。登録されるには各方面の厳しい審査が必要で、他の登録機関はほとんどが医療機関や大手旅行会社などで、弊社のような会社は珍しい存在です。

医療インバウンドをワンストップでサポート

弊社の業務内容を通じて、具体的に国際医療交流コーディネーターとしての役割、仕事の流れを紹介しましょう。

●医療マッチング

外国人患者さんからの医療情報を基に最適な治療法・医療機関を選定し、患者さんに提示。治療方針の希望、容態確認、経済面での意向も踏まえ、受け入れ可能な医療機関を探す。

●医療滞在ビザ取得サポート

受け入れ医療機関との調整および外国人患者さんに対する身元保証をおこない、医療滞在ビザ申請に必要な「医療機関による受診等予定証明書及び身元保証機関による身元保証書」を発行。受け入れ医療機関に患者さんの治療スケジュールを確認し、適切なビザの種類（シングル／マルチ）を決め、患者さんが現地大使館・領事館でビザ申請時に必要となる「医療機関による受診等予定証明書及び身元保証機関による身元保証書」の作成と押印、医療機関からも押印を取り付ける。

●支払い代行サービス

治療費の見積り額を患者さんから前受金として預かり、受け入れ医療機関への支払いを代行する。これにより、事前の支払いや海外からの送金を受けられない医療機関に対してもスムーズに支払いをおこなうことができる。同時に、患者さんの治療費不払いによるリスクを軽減する意味合いもある。

●通訳派遣

患者さんの希望を伝えるためと、医療機関が外国人患者の治療にあたって必ず立ち合いが必要となる医療通訳、一般通訳の手配をおこなう。

●空港への出迎えと見送り

入国時と帰国時に空港への送迎をおこなう。患者さんの手続きをアシストすると同時に、入国・出国を見届ける。

●宿泊・交通の手配

患者さんの希望に応じて、宿泊施設、交通手段（タクシー／寝台車等）を手配する。

●その他のオプション手配

滞在中に観光などの希望がある場合やその他、患者さんの希望に応じて手配する。

●24時間コールセンターサービス

患者さんおよび同伴者の滞在中のライフサポートとして、電話による通訳も含め24時間相談に応じる。

●医療機関からの連絡代行

医療機関に対しては、緊急連絡先として弊社の連絡先を伝えておき、いつでも医療機関が患者さんとの意思疎通に困らないようサポートする。

弊社では、このように医療情報のやりとりから通訳、移動・宿泊等、医療インバウンド支援をワンストップでおこなっています。

利用者の利便性アップ、かゆいところに手が届くサービスを

日本で医療滞在ビザが発給されるようになったことで当然、利用者の利便性も大幅にアップしました。私たちのお客さまもそうですが、従来はほとんどの方が観光ビザで来日していました。中国人の場合、観光ビザでの滞在可能期間は通常15日以内です。したがって手術を受けた後、抜糸日まではビザの滞在期間が持たず、一度帰国し、また抜糸するために来日するというケースもよくありました。医療滞在ビザをとっていただいた場合、そのようなムダがなくなります。

また、旅行会社を通じての滞在の場合、ほとんどがホテル付きのプランです。しかし、私たちのお客様のような富裕層の方々は、プランに付いているホテルでは到底満足していただけません。当日キャンセルもできない仕組みですので、そのホテルをほったらかしのまま、５つ星ホテルを新たにとりなおすというムダもありました。

弊社では、海外からのお客様に対し、日本に居ながら外国にいるとは思わせない安心のコールサービス、依頼があれば、ホテルや観光の手配はもちろん、美味しいランチのお店にもお連れし、コンビニのサンドウィッチも買いに行きます。長年の友人のように滞在中の悩みを聞いたりもします。

さらにお客様が完全に帰国されたことを確認し、帰国後の日本医療機関とのやり取りのフォローまで任せていただけます。

及び腰だった国内医療機関も受け入れ方向にシフト

日本が医療インバウンドに出遅れた背景には、医療機関側の消極的な姿勢も影響していました。

経済産業省がおこなっている「国内医療機関における外国人患者の受入実態調査」を見ると、2010年の段階で「受入意向あり」は1割にも達せず（回答のあった医療機関数2352のうちの9・7％）、「受入意向なし」は半数以上（同58・1％）でした。

その理由は「国内の患者対応により、医師や看護師、事務スタッフが不足している」（23・8％）、「院内の案内表示や入院中の食事など、多言語や異文化への対応が難しい」（19・8％）、「外国語を話す医師や看護師が不足している」（19・4％）などとなっています。

また日本医師会も、地域の医療格差の拡大、国民皆保険が脅かされるといった懸念

国内医療機関における外国人患者の受入れ意向の経年変化

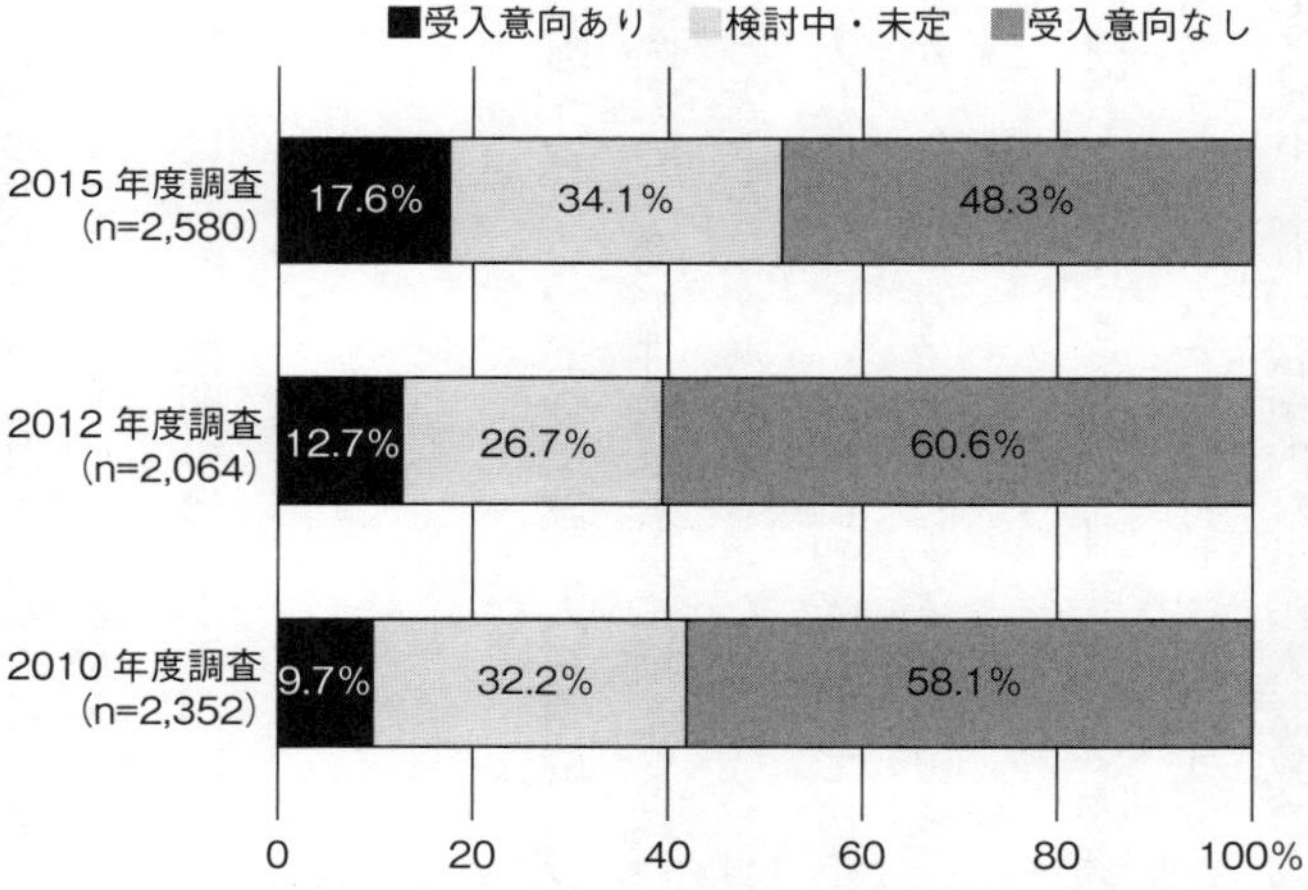

出所：経済産業省「国内医療機関における外国人患者の受入実態調査」

から「営利企業が関与する組織的な医療ツーリズムには反対」という声明を出していました。

しかし国の医療インバウンド推進政策によって、２０１５年の調査（回答医療機関数２５８０）では、「受入意向あり」は17・６％に増加、「検討中・未定」は34・１％で、これらを合わせると「受入意向なし」の48・３％を上回る結果となっています。最近では、通訳のできる看護師を募集したり、小規模の病院は通訳を外注したりして外国人患者を診療するところも見受けられます。

弊社でも、当初は受け入れていただける病院やクリニックを探すのが大変でした。話もろくに聞いていただけず、門前払いにあったこともしばしばです。

現在では逆に、医療機関のほうからお話をいただくケースも増えています。今後、医療インバウンド・ビジネスに参入する医療機関がさらに増えるのは間違いないでしょう。

日本は医療インバウンド後進国。人材育成、プロモーション強化を

日本の医療ビザ発給件数は着実に増えてはいるものの、タイやマレーシア、韓国と比較すると大きな差があります。たとえば、お隣の韓国では年間30万人もの医療渡航者を受け入れています。日本に観光ビザで医療を受けにきている方も相当おられると思いますが、統計がなく実態はわかりません。いずれにしろ、日本は医療インバウンド後進国と言えます。

タイでは、2002年から国策として医療インバウンドに力を入れ、「ヘルス&ウェルネスツーリズム」と銘打ち、タイ式マッサージやスパなども医療インバウンド対象として採り入れ、積極的な外国人誘致をおこなっています。

韓国も漢方を併用した独自の医療をアピール。さらに済州島に健康と癒しをテーマにしたヘルスケアタウンを建設、東アジアの医療ハブを目指しています。

翻《ひるがえ》って日本国内では、前述したように医療機関の受け入れ体制の整備、さらには医療インバウンドの実態が把握しきれていないという根本的な課題もあります。

また、弊社のような国際医療交流コーディネーター（身元保証機関）の絶対数の不足、質の問題もあります。身元保証機関が事前に外国人患者のメディカルデータや画像を適切に取得できず入国後に再検査になったり、なかには、日本で検査したら手の施しようのない末期がん患者だったなどというケースもあったようです。

さらにプロモーション不足もあります。これまで日本政府は、海外に向かって積極的に、日本の医療レベル、得意分野などを発信してこなかったため、日本が医療インバウンドに力を入れていることさえ、あまり知られていないのです。

東京オリンピック・パラリンピック２０２０で大勢の外国人観光客がやってくるのは、日本の医療を知ってもらえる大きなチャンスと言えるでしょう。

繰り返しますが、中流層以上の中国人は日本ファンが多いのです。医療にとって最も大切な「安全・安心」があるという信頼を日本に置いているのです。

医療は信頼関係があってこそ成り立つ

人材育成は弊社にとって最も重視しているところです。医療コーディネーターは当然のことながら、中国語、日本語に精通していなければなりません。患者さんとともに診察室に入り、患者さんと医師の話を的確に通訳するわけですが、お互いの意思が伝わらないと、命にかかわるトラブルが発生する可能性もあります。

弊社の医療コーディネーターは全員中国人です。採用基準は、国際交流基金と日本国際教育支援協会が運営する「日本語能力試験」のＮ１（最上位）の資格を持っていること。この資格は、日本語を母語としない人を対象に、通常の日本語通訳ができる語学力を有していることを示しています。

最近では「医療通訳」という言葉を聞きますが、医療通訳という国家資格があるわけではありません。単に便宜上使っている名称にすぎないのです。また、医療コーディネーター志望者向けに各所でセミナーが開催されており、その修了者をそう呼ぶケースもあるようです。

弊社では、社外のセミナーではなく、私や現場経験豊富な先輩社員が講師を務め、実践形式の社内研修によって、自前で人材を育てています。実際に現場に出るまでは早い人で3カ月、なかには半年以上かかる人もいます。見切り発車せず、周囲も認め、何よりも本人が自信を持って仕事ができるまで指導します。

おかげさまで弊社の医療コーディネーターは、患者さん・医療機関からの信頼が厚く、一度アテンドしたお客様や医師からリピート指名されることも少なくありません。

私は、この仕事は、患者さん、医療コーディネーター、そして医師の三者の信頼関係があってこそ成り立つと思っています。いまの時代、患者さんや医療機関とトラブルになれば、すぐにSNSを通じて拡散されてしまいます。会社は信頼を失ったら存続できません。アルバイト感覚で通訳として登録したいという申し込みが多々ありますが、すべてお断りしています。正社員として、プロとして強い責任感を持って業務を遂行してもらいたいからです。

人出が足りないときでも安易に外部の助っ人を頼みません。もちろん、社長の私も現場に出ています。

日本で治療を受けたい中国の医療事情

現在、日本国内のインバウンド事業において中心となっているのは中国人です。医療滞在ビザの発給もほぼ9割が中国人。日本の医療インバウンドは国際的には知名度が低いと書きましたが、中国人富裕層の間では、大人気と言っていいでしょう。日本の「安全・安心」「匠の技」を信頼し、日本が好きな彼らは医療にも大きな信頼を寄せています。

経済産業省の調査（平成25年度　医療の国際化～世界の需要に応える医療産業～）によっても、外国人患者からの問い合わせ件数で最多は中国で、全体のほぼ半数に及びます。ちなみに症例別の問い合わせでは「がん治療・予防」「検診・健診」「美容・アンチエイジング」がトップ3です。

富裕層ばかりではありません。野村総合研究所が中国の一般人を対象とした「日本の医療サービスに対する利用意向」調査によると、74・5%が「利用してみたい」と回答しました。「利用したくない」は13・5%でした。

その背景には、中国の医療事情が影響しています。

中国の医療といえば漢方医療のイメージがありますが、近年は西洋医療も台頭、設備の整った近代的な病院も数多くあり、腕のいい医師もたくさんいます。しかし、それは大都市圏の話で、地方都市部ではまだまだ医療水準が低く、地域格差が大きいのです。

一方、大都市にも患者が多すぎるという問題があります。とくに評判のいい病院は患者であふれている状態です。１人の医師が１日に１００人以上の患者を診察することも珍しくありません。

そうなると当然、病院での待ち時間も長くなり、一人ひとりの診察がおろそかになってしまうこともあるでしょう。

私の知人は、大都市の一つ、天津のある病院で、悪性腫瘍と診断されました。その後、摘出手術を受けて無事退院しました。それでも体調は回復せず、別の病院で診てもらうと腫瘍はそのまま残っていたそうです。

根深い医療不信、中国で多発する医療過誤

さらに根深い問題は、医療不信です。２０１３年のデータですが、中国では医療過誤による年間死亡者数はじつに40万人（中国赤十字社調べ）にも達しました。この数は交通事故死亡者の約４倍に相当します。

ただ、このうち大半は患者自身の薬の誤用といわれています。漢方薬の習慣がある

からでしょうか、中国では自己判断で服用する人が多く、飲酒後の服用、妊産婦の乱用、あるいは新生児が抗生物質の過剰投与により死亡するケースもあるそうです。

しかし、それればかりとは限りません。医師が金銭目的で過剰に薬を投与するケースも後を絶たないのです。インフォームドコンセント（医師から説明を受けたうえでの患者の同意）もなく、一本何万円、何十万円もする注射を打たれたという話もよく聞きます。果てには、治療効果がないことを恨んで患者やその遺族が医師を殺害する事件も頻繁に起こっているのです。

２０１７年には、難病の滑膜肉腫と診断された大学生が、治癒率８割以上の最新医療をうたう病院で治療を受け、死亡する出来事があり、中国のネット上で大きな話題になりました。大学生の家族は20万元（約３２８万円）以上の借金をして治療費に充てましたが、死の間際、この治療法に効果がないことが証明されていたことを知ったそうです。病院側もその事実を知りながら意味のない治療を続け、高額の医療費を詐取したのです。

これでは医療不信が蔓延するのも当然でしょう。

最近では富裕層ばかりでなく、中流層の人たちも借金をしてまで海外での治療を選択するケースが増えています。命は何ものにも代えられず、海外の医療にすがる気持ちもわかりますね。

中国は世界一の病気大国、国民の2人に1人は糖尿病予備軍

もう一つ、中国には根源的な問題があります。それは現在、間違いなく「世界一の病気大国」であるということです。

中国国家がんセンターの統計によると、中国では毎年新たに約３５０万人ががんと診断され、死者数も２００万人を超えているのです。

がん検診に関してはまだ、とくに地方都市では先進国のようには普及していません。そのため、がんの早期発見が少なく、地域によってはほとんどが中期・末期の状態で発見され、５年生存率は約30％といわれています。ちなみに日本は倍以上の69・４％です。

がんは加齢とともにリスクが高まる病気ですので、平均寿命が延びたことでがん患者が増加したとも言えます。ただ、環境汚染の深刻化、脂肪分の高い食習慣なども、がん患者の増加を誘引しています。

がんによる死亡のうち、発生が多い部位は男女とも肺。これは、中国では男性の喫煙率が高い（52・1％）ことが原因のようです。男性の肺がん罹患率もトップです。一方、女性の喫煙率は2・7％と非常に低いのですが、受動喫煙にさらされている女性が多く、肺がんにかかる女性も多いといわれています。さらに前述したように、北京に代表されるような大気汚染も、肺がんが多い要因でしょう。

ちょっと古いデータですが、世界保健機関（WHO）が2012年に公表した「世界がん報告」によると、世界中の肺がん新規患者のじつに36％が中国人でした。

がんだけではありません。中国の成人の糖尿病有病率は11・6％（2013年）と10人に1人以上が糖尿病患者です。さらに初期糖尿病患者は、総人口の半分というデータもあります。中国は「世界一の糖尿病大国」でもあるのです。

おもしろいことに、アメリカでは貧困層に糖尿病患者が多いのに対し、中国では富裕層に多いのが特徴だそうです。

中国メディアでも紹介「日本の医療は世界最高レベル」

2018年7月、中国のメディアに「日本の医療を受けたいと考えている人が増えている」という記事が掲載されました。

記事は、「中国でも医療の質は大幅に改善しており、日本で医療を受けると非常に高額になることがある」と指摘。それでも日本で医療を受けたいと思う人がいるのは、「日本の医療の質が世界最高レベルにあるからだ」としています。

とくにがんの予防や手術では世界的にトップレベルであり、ある調査によると、肝臓腫瘍の摘出手術による死亡率は、アメリカが5％に対し、日本は半分の2・5％であると紹介。なかでも日本のがん手術の技術の高さは大腸がん手術において顕著であり、世界一の大腸内視鏡手術の技術を有している。日本が大腸がんの世界最先端医療をおこなっている背景は、国内に大腸がん患者が多いためだろうと推測しています。

ちなみに、弊社の提携病院である都内有名大学病院の有名教授は、内視鏡手術の第一人者であり、とくに内視鏡的粘膜下層剥離術（ＥＳＤ）という術式を考案、普及させたことでも知られています。弊社のお客様も数多くお世話になっています。

また医療設備でも日本は進んでいるとし、世界保健機関（ＷＨＯ）が２０１３年に発表した統計によると、日本のＣＴ（コンピュータ断層撮影装置）の保有台数は１００万人あたり１０１・１８台で世界第2位、同じくＭＲＩ（核磁気共鳴映像法断層撮影装置）の保有台数は45・94台で世界第3位というデータにも触れています。日本の医療レベル、とくにがんに関してはまさに世界のトップレベルにあることがわかります。

ちなみに記事では、中国からの医療目的による渡航先は日本のほか、アメリカ、フィンランドが人気だと紹介しています。

中国ばかりでなく、アジアの新興国においても高齢化が進み、がんや生活習慣病が増加しています。こうした国々の富裕層でも、日本の世界トップレベルの医療を受けたいと思う方が今後、増えてくるでしょう。

日本の医療は、インバウンドによる経済的側面だけでなく、海外へのアウトバウンドも含めた国際展開によって、世界の人々の健康にも貢献できると言えるでしょう。

人間ドックやがん検診、同じアジア人だから安心感

医療インバウンドの需要の柱の一つとなっているのが、ＣＴやＭＲＩによる人間ドック、ＰＥＴ（陽電子放出断層撮影）／ＣＴ併用のがん検診など、いわゆる健康診断（健診）です。弊社でもお客様の3割ほどが「検診・健診」希望です。

中国でも10年ほど前から大都市を中心に、人間ドックの専門病院が登場しています。しかし健診料だけでは利益が上がらないことから、結果に関わりなく強引にサプリメントをすすめたり、なかには診断結果を偽装し、架空の治療で治療費を請求する……などという事件もたびたびあり、中国人の間では不信感が募っています。

また、検査内容、精度も日本には遠く及ばないのが現状で、身体の隅々までしっかりと検査してほしいと願う富裕層にとっては物足りないのです。

そのため、健康に対する意識が高い人たちは、シンガポールやタイなどで健診を受けています。そしてより先進的な検査を求める人たちは、欧米や日本の医療機関を目指すわけです。

かつてはアメリカを筆頭に欧米に向かう富裕層が多かったのですが、近年は日本が人気です。距離的（時間的）に近いのはもちろんですが、同じアジア人のため身体的特徴が似ているので、血圧など身体のさまざまな検査数値の基準値、かかりやすい病気なども似通っており、診察のうえで安心感があるのです。

もちろん、日本の病院が積極的に受け入れるようになったことも大きいでしょう。

中国は美容整形大国、整形にも抵抗なし「見た目の良さ」が重要に

病気の検査や治療でなくても、日本の医療を受けにくる人たちがたくさんいます。それは美容・アンチエイジングを目的とした医療です。

ほとんどの施術は日帰りか1日入院、あとは抜糸までも1週間ほどで済むので観光ビザで十分です。

日本で「美容整形大国」といえば、真っ先に思い浮かぶのはお隣の国、韓国でしょう。韓国では、美容整形がある意味、文化として根付いており、抵抗を感じる人は少ないようです。その点、日本はいまだに顔の整形に関して積極的ではなく、施術しても隠したがる傾向が強いようです。

「では中国は?」というと、韓国に近いと言えます。とくにこの10年ほどで、美容・アンチエイジングに対しての関心が非常に高まっています。

その背景にあるのが、お隣の韓国や日本のファッション文化の流入、国内外で活躍する中国人ファッションモデルや俳優、歌手などの影響もあります。いままでは憧れの遠い存在であった彼らが数多くのメディアに出演することで一般人の目に触れ、遠くても近い存在になったからです。そして美容整形すれば、少しでも彼らに近づきた

いという願望を叶えることがそう難しくないとメディアなどを通じて広まっていきました。とくにウェイボー（Weibo：微博）などのSNSの威力は絶大でしょう。その結果、美容整形に対するハードルは低く、まさにファッション感覚で気軽にするものというイメージが浸透しています。

もう一つ、中国でも韓国同様、就活で勝ち抜くために美容整形するのもいまでは珍しいことではなくなってきました。社会的に見れば就職難の時代に突入し、学歴はあって当たり前といった世の中で、より大きな企業に入社するためには、スキルや特技はもちろんのこと、リクルートファッションに至るまで「見た目の良さ」が強く求められるようになりました。

といっても、これは企業側が決めたものではありません。やはり口コミやSNSなどを通じて噂が噂を呼ぶかたちで、就活生同士の思い込みの採用基準が設定されていきました。この流れは日本でも同じことがいえますが……。

その延長線上で美容整形にたどり着くことになります。つまり、身なりを整えるなかで、外見、なかでも「顔」の重要性というのがクローズアップされていったのです。

「素顔を活かす」日本の美容整形

当然、需要が高まれば供給も増えます。近年、中国にも美容整形外科は急増しています。しかし経験豊富な医師は少なく、施術ミスなどのトラブルも数多く発生しているのが実情です。そういったニュースは口コミやSNSで瞬く間に広まりますので、中国の美容整形希望者のなかでも比較的生活レベルの高い方々は国内よりも海外に目を向けることになります。

その視線の先は、美容整形大国・韓国でした。中国に比べて経験豊富な医師が数多く活動しています。当然、お隣の国なので短時間で気軽に往復できるというメリットがあります。

しかし、ここ数年その流れは変わりつつあるのです。その理由の一つは、韓国女性の標準的な美しい顔を思い浮かべてみれば、なんとなくおわかりになるのではないでしょうか。つまり、顔のつくりがパターン化され、似たような顔、いわば個性がない顔になってしまいがちなのです。

実際に私も、いくつかの術後写真を見て驚きを隠せませんでした。数人並ぶと、誰が誰なのか見分けがつかないのです。たしかに一人ひとりは見違えるほどの変貌を遂げ、モデルさんのようなのですが、個性に欠けています。これには私たちはもちろん、美容整形に関心の高い中国人も敏感に反応するわけです。

そこで最近注目されているのが日本です。じつは日本の美容整形の歴史は古く、明治時代に遡ります。前述の韓国とは違い、伝統的に「素顔を活かす」、つまり個性を活かす施術が根付いています。もちろん整形技術は非常に高度なのでモデルさんのように変身させることも可能ですが、「素顔＝個性」といった部分を大事にする姿勢は変わりません。

日本は「テクノロジー大国」であり、先端医療や先端科学技術を採り入れた高度医療に加え、経験も豊富、安全・安心で最先端をいく美容整形が受けられるのです。

日本の美容整形の特徴は中国にも伝わり、とくに富裕層の間では、多少高額でも日本で施術したいという方々が増えているわけです。

弊社でも中国人の知り合いから「日本で、私（あるいは私の友人）が美容整形の施術を受けたいので、有名なクリニックと先生を紹介してほしい」というような問い合わせをしばしばいただきます。

弊社が提携している医療機関には美容整形の専門病院もあります。なかでもヴェリテクリニック銀座院（銀座）の福田慶三理事長は美容整形の権威です。とくに鼻に関しては隆鼻術などさまざまな術式を駆使して患者さんが望む鼻の形をオーダーメイドで整形していらっしゃいます。お客様にも大変好評で、リピートする方も大勢います。

経済的なゆとりを手にした中国人であれば、何が何でも日本で美容整形を受けたいと思うでしょう。

日本の技術を学び、提携を目指す中国美容整形外科医たち

弊社では、中国からの医療現場視察医師団の訪日をコーディネートすることがあります。中国美容整形訪問団をアテンドする際、ほとんどの美容整形外科医が手術に立ち会って、まず驚くのは手術用の器具です。

「こんな細い針もピンセットも見たことがない……」

手術用器具は、中国や韓国ではほとんどが欧米製を使っています。しかし、ここで使われていたのは日本の職人の手による、まさしくメイド・イン・ジャパン。これは世界一繊細な器具といってよいでしょう。

「医師の技術もすごいけど、日本は器具もすごいんだね」

と、ため息まじりでつぶやきます。帰国後には、医師からあの器具を購入したいという問い合わせがしばしばあります。

なかには提携を持ちかけてくる医師もいます。私の医院の患者さんを紹介すれば、お互いにウインウイン。得でしょ」

「あのクリニックと提携したい。

当時、中国の美容整形外科医が注目していたのは、幹細胞脂肪注入による豊胸手術。患者さん自身の太ももやお尻、下腹部などから吸引した脂肪のなかから幹細胞を含む幹脂肪を抽出し、脂肪と一緒にバストに注入する方法です。幹細胞を同時に注入することで、脂肪の生着率（定着する割合）が飛躍的に高くなるといわれています。また、自身の脂肪を使うため異物反応などの心配がない、さらには生着率が高いため、再注入がいらず、いわば半永久的に理想のバストを保てるわけです。

「幹細胞」とはひと言でいえば、あらゆる細胞に分化する能力と自己複製できる能力を持つ細胞です。美容の分野では豊胸施術だけでなく、肌の若返りなど、再生医療として利用されています。

弊社と提携するサンテクリニック（銀座・岩切大院長）では、線維芽細胞を使った皮膚のアンチエイジング療法で実績を上げています。また同クリニックでは、最新のがん遺伝子療法やがん免疫細胞療法にも取り組んでいます。

幹細胞や線維芽細胞の研究は、中国でも新たな治療法として国を挙げて進めている最先端分野の一つですが、美容・アンチエイジング分野には多くの規制があり、ほとんど導入されていないのが現状です。そこで、美容分野でも積極的に活用している日本に注目し、再生医療を望む患者さんを日本に送り込もうと考えたわけです。

中国の美容整形外科は、大口顧客である富裕層が海外に流失している現状に当然、危機感を抱いています。そこで日本で技術を学んだり、提携して少しでも関わりを持とうとする前向きな医師もたくさんいます。

美容・アンチエイジングと並んで急増中の歯科治療

美容・アンチエイジングと並んで、ここ1、2年で希望者が増えているのは歯科治療です。こちらも、発展著しい中国でもまだ遅れている分野で、日本に比べると技術や設備が古く、衛生面でも問題がある歯科医院が多いのが実情です。

さらに歯科医が不足しているため、無免許で路上で堂々と椅子一つ置いて治療（商売?）している猛者もいます。治療を受けるほうにも問題ありですが……。コンビニの数よりも歯医者さんのほうが多い日本とは大きな格差があると言えるでしょう。

　以前、日本に滞在していた中国籍の方が歯科医院で治療を受け、帰国後、中国の歯科医院に行ったところ、医師がその治療痕を見て驚いたという話を聞いたことがあります。それは、中国にはない技術で完璧に治療が施されていたからです。その人は、日本の大学病院の歯科で最先端の治療を受けたというわけではなく、ごく普通の街の歯医者さんでした。

　ホワイトニングのために来日し診察を受けたら、小さな虫歯が何本も発見されたというケースもあります。

　日本ではかなり前から、80歳で自分自身の歯を20本以上残すことを目指す「8020運動」があるほか、学校でも歯科健診が毎年あるなど、歯の健康に対する意識は高いですが、中国ではいまだに低く、しかも虫歯になればすぐに抜歯してしまうことも多く、若い人でも歯がない方が多いのです。

　もちろん、私たちのお客様である富裕層の方々のなかには、さすがに歯がないという方はいらっしゃいませんが、歯にトラブルを抱えている方は多いですね。中国や香港から「インプラント治療をしたけど具合がよくない」「歯の被せものをセラミックに変えたい」といった要望が多く寄せられています。

女性では審美歯科やインプラント治療希望の方が圧倒的に多いですね。

「歯の治療なら日本」中国人富裕層の間に広まる口コミ

もちろん、中国でも最新の技術や設備を備えた歯科医院はあります。富裕層もそうしたところに通院しているわけです。しかし、たとえばセラミックの被せものでも、オーダーから完成まで1～2カ月かかってしまいます。というのも、海外にオーダーメイドで外注しているから。中国の富裕層は待つのが大嫌い。手っ取り早く済むのが、日本での治療を選ぶ理由の一つです。

また、手先の器用な日本の歯科技工士の技術は世界トップレベル。この「匠の技」も富裕層を惹きつける魅力です。

インプラントに関しても、やはり日本の歯科医の技術が先行しています。しかも、料金もじつは中国よりも安く済みます。中国での料金は詳しくは知りませんが、日本でのインプラントとセラミックの治療で約200万円かかった方が、

「こんなに安いの？　中国のほうがずっと高いよ」

と驚くほどでした。ちなみにその方は200万円を食事代でも払うかのように、カードでサッと払っていらっしゃいました。

どうやら中国人富裕層の間でも「歯の治療なら日本で」というのが口コミで広まっているようで、歯の治療の相談や問い合わせが弊社でも急増しています。

健康や美容には金に糸目をつけない人たちとはいえ、安全・安心なうえ、料金も安いわけですから、日本を選ぶのも当然でしょう。

弊社が提携するキュアデンタルクリニック（目黒・浅野真秀院長）では、待合室まで全室完全個室なうえに、歯周病治療や1日で28本の歯の治療ができる体制があり、何度も来日できない富裕層の方々から好評を得ています。

金に糸目をつけないといえば、審美歯科やインプラント治療はまさにその好例でしょう。美容整形も同様ですが、一カ所が改善されると他の個所が気になり、そこがよくなると、さらに小さなアラも気になってしまう……。こうして何度もリピートする女性富豪はたくさんいらっしゃいます。「美」に対するどん欲さが、仕事のうえでもバイタリティにつながっているのかもしれません。

「富一代《フーイーダイ》」はもちろん、「富二代《フーアーダイ》」もそろそろ歯にトラブルが出てくる年齢。今後、歯科治療目的の中国人渡航者がさらに増えるのは確実でしょう。

第４章

富裕層の心を鷲づかみにするサービス・テクニック

ステレオタイプの中国人像を捨て去る

日本人は、外国人から「勤勉」「真面目」「礼儀正しい」「優しい」などプラスのイメージで見られることが多く、好感度の高い国です。もちろん、中国人にも日本人が好きな人はたくさんいます。

一方、中国人はというと、残念ながらネガティブなイメージが先行しています。「日本人の9割が良い印象を持っていない」という調査結果もあります。

両国の歴史的・政治的関係が大きく影響しているのでしょうが、中国出身者としてはとても悲しい状況です。「抜け目ない」「嘘をつく」「マナーが悪い」「うるさい」といった声が実際にもよく聞かれます。

知人の日本人にその話をすると、

「いや、一般の日本人は、これだけ訪日中国人が増えても、接する機会はそんなにないでしょう。そのイメージはメディアの影響が強いんじゃないかな。私は夏川さんをはじめ、中国人の友人がたくさんいるけど、そんなふうに感じたことはほとんどないね」

「ビジネスのうえでもそうだよね。中国や中国人に対してネガティブなイメージを持っているから、どうもしっくりといかないところがある。これだけ中国人が日本に来ているんだから、お互いに連携すれば、ビジネスチャンスはいっぱいあると思うんだけどね」

という声が返ってきました。

一方、日本でビジネスをしている中国人たちからは、

「日本の企業や小売店などに声をかけても、警戒心が強い。こちらが説明する前に断られてしまうこともある」

という声をよく聞きます。

弊社も、いまでこそインバウンドの業界内で知名度も高まり、日本の医療機関やホテルなどから提携や売り込みの話を持ち込まれることが頻繁になりましたが、当初は門前払いを何度も経験しました。ビジネスの内容よりも、中国人を対象としたビジネスというだけで警戒心を持たれ、敬遠されたというケースも何度もありました。

日本の企業や医療機関、ホテル、飲食店などの皆さんにお伝えしたいのは、まずは、メディアが伝えるステレオタイプの中国人のイメージを一度捨ててほしいということです。

なかにはそのイメージどおりの中国人もいるでしょう。しかし、それは他国の人のなかにもいるでしょうし、日本人のなかでも一緒です。

14億人近い人がいる中国には性格も考え方もいろいろな人がいます。いて当然です。いつまでも先入観や思い込みにとらわれていたら、せっかくのビジネスチャンスをふいにすることにもなります。

普段どおりのおもてなしが感激に

初めて日本で検査や治療を受けた中国人富裕層の方々が感激するのは、医師によるきめ細やかな問診、看護師や検査技師などスタッフの丁寧でホスピタリティあふれる対応です。

「中国ではまるで流れ作業のように診察する。こちらはベルトコンベアにのせられた部品の一つになった気分」

と、中国本土での様子を話す人もいました。

「日本の先生は笑顔で、親身になって診てくれます。それと看護師さんが膝をついて処置してくれるのにはびっくりしました。中国ではそういう習慣はありませんから」

医療機関だけではありません。高級ブランドショップなどで日本人スタッフから膝をついて商品の説明を受けると、買う気がなかったものでも、ついつい買ってしまうこともあるそうです。

日本人のおもてなし、ホスピタリティが素晴らしいというのは、いまや世界中に知られていますが、実際に経験してみると感動も格別だそうです。

日本人にとっては当たり前のことも感動の対象です。中国人富裕層の女性とタクシーに一緒に乗っていたときのこと。運転手さんが道を間違えてしまい、丁寧に謝って料金メーターを止めました。お客様の女性はその行為に驚き、

「どうして（メーターを）止めるの？　いいよいいよ、わざと間違えたわけじゃないんだから、お金は払うよ。夏川さん、通訳して！」

と、まくしたてるように私に言いました。道を間違えたタクシー運転手がメーターを止めるなんてことは、中国はもちろん、欧米でもありえないことだそうです。

降車後も、

「すごいね、日本のタクシーは。他の国だったら、外国人だとわざと遠回りして、料金を上げようとするのに」

と、いつまでも感心していました。

またホテルや旅館、飲食店などでは、小さな子どもを連れていると、ちょっとした塗り絵やおもちゃをプレゼントしてくれます。日本ではよくあることですが、こうした小さなことにも感激するようです。

逆の見方をすれば、富裕層の方々を迎えたときは、なにも特別なことをしなくてもいいのです。日本の普段どおりのおもてなしが彼らを感動させるわけですから。

リラックス・癒しを求める富裕層

日本を好きな中国人富裕層の方々は、医療以外の目的でも訪日しています。後述するスキーやゴルフといったアクティビティ、温泉、音楽ライブなど、楽しみ方もいろいろです。

ただ、共通しているのは根底にリラックスや癒しを求めているということでしょう。日本でインバウンド・ビジネスを展開するうえで、ぜひとも押さえておくべき点です。

彼らは、当然ですが中国本土でも高級ホテルの利用や高級料理を食べる機会が多くあります。中国のホテルも、設備や料理の質では日本に勝るとも劣りません。ただ、

スタッフの気遣いといったサービス、ソフト面ではまだまだ充実していません。そのため、中国人富裕層は、

「中国ではホテルや料理に高いお金を払っても、それに見合うだけのサービスを受けることができない」

と、不満を感じているのです。

こうしたことから日本を訪れた際に感動するのは、スタッフの気遣いです。いわば精神的な報酬を求めているのです。

たとえば、石川県和倉温泉の老舗旅館「加賀屋」。旅行新聞新社が主催する「プロが選ぶ日本のホテル・旅館１００選」で37年連続日本一に輝いた宿として有名です。中国人富裕層のほとんどが知っていると思います。

なんといっても、魅力は接客態度、おもてなしの心です。深々としたお辞儀に感動する中国人が後を絶ちません。

加賀屋のモットーは、お客様の満足を常に第一に考え、「ノー」と言わないサービスだそうです。

翻って、自尊心の高い中国人はサービス業に従事していても、

「なんで俺が、へらへら笑ったり、頭を下げなきゃいけなんだ」

と、笑顔さえ見せない人もいるのですから、比べものになりません。

逆に中国がそういう国だから、訪日中国人向けインバウンド・ビジネスはチャンスなのです。

心のこもったサービスは、言葉が通じなくても中国人の心に響きます。加賀屋でも仲居さん全員が中国語を話せるわけではありません。加賀屋ほどのサービスは日本の旅館といえども一朝一夕にはできないでしょうが、たとえばトイレが隅々まできれいに掃除されていることや、受付の待ち時間にお茶などを提供するといった、ちょっとした気遣いやサービスに中国人富裕層は感動し、癒されるのです。

なぜ中国人富裕層は銀座が好きなのか

中国人富裕層は、同朋、つまり中国人団体客と一緒になることを避ける傾向があります。周囲への配慮がなく、繁華街を大きな声で話しながらゾロゾロ歩く団体客と一緒にみなされるのがイヤなのでしょう。同じ理由で国内の有名観光地にも行きたがりません。もっとも観光地に関しては、富裕層の多くは中国人が押し寄せる前に行ったことがあるからでしょう。

ただ唯一、中国人観光客が押し寄せていても彼らが好きな場所があります。それが銀座です。

2015年前後の「爆買い」ブームの頃ほどではありませんが、現在も数多くの中国人が訪れますし、中国人だけでなく、世界中の観光客が集まる場所です。それでも富裕層にとっては銀座が一番なのです。私たちのお客様の宿泊先も、銀座およびその周辺が最も多いようです。

なぜ中国人富裕層は銀座にこだわるかというと、銀座を拠点とすれば、医療機関や飲食店、ショッピングなどにも30分以内で行けるからです。

中国人富裕層の大半はビジネスでの成功者たち。中国本土にいるときは非常に忙しい身です。したがってムダな時間を嫌います。そのため、移動時間はできるだけ短くしたいのです。プラベートジェットを持つのも、移動時間短縮が最大の目的なのです。

このように時間を大切にする富裕層と、ビジネスなどで面会するならば、銀座あるいはその周辺がベストです。

2017年、成田空港から都内まで運行するヘリコプターのライドシェア・サービスが始まりましたが、このニュースは中国のメディアでも紹介されていましたから、富裕層にとって関心が高いサービスなのでしょう。

成田空港から都心エリアまで出るには高速道路を使ってクルマで1時間以上かかりますが、ヘリコプターだとわずか20分だそうです。魅力的な新サービスになるかもしれません。ちなみに料金は、一席5万9800円からだそうです。

ただ、個人的には、このサービスが中国人富裕層の間で定着するかというと、ちょっと疑問です。やはり、ヘリコプターには安全性に疑問が残ります。ムダなリスクを負わないのも富裕層の特徴ですから。

着陸するヘリポートは新木場、そこからたとえば銀座に向かうなら、さらに時間もかかります。ヘリポートから目的地までハイヤーを手配するサービスもあるようですが、果たして……。

サービスの基本は「気配り」と「融通」

時間に関しては、食事でも同じことが言えます。

訪日中国人の大きな楽しみの一つは食事、とくにユネスコの無形文化遺産にも登録された和食です。

当然、富裕層の方々からも和食を食べたいというリクエストは多いですね。ただ、実際に名の知れた懐石料理店などにお連れするとイライラされることもあります。味にではなく、時間にです。ご存じのように懐石料理は先付、吸物、刺身、焼物、酢の物……と順を追って料理が供されます。先付から締めの水物（食後の果実など）までの時間が長いのです。店によっては3時間近くかかる場合も。

中華料理にももちろんコース料理はありますが、比較的短時間で次々と運ばれてきます。もともと、テーブルに料理を一度にのせて、サッと食べるのが中国式。食事に時間をかけない国民性です。

富裕層の方々は世界各国でいろいろな料理を食べ、各国料理のマナーもひととおりはわきまえています。当然、懐石料理に関する知識やマナーも心得ている方が多いのですが、「時間がかかりすぎ」と、うんざりされることが多いのです。なかには途中で席を立ってしまった方もいました。

もちろん、お店としては懐石料理の作法にのっとり、手順どおりに料理やサービスを提供しているのでしょう。私個人としては、たとえば事前に、

「食事を最後まで楽しんでいただくには3時間ほどかかります。よろしいですか」といったひと言があればよいと思います。予約時にそう言っていただければ、お客様は3時間かかっても納得できますし、お客様が「そんなに待てない」と言うときは、私たちもお店側になるべく早めに出してほしいと伝えることもできます。

中国人富裕層に限りませんが海外の人を迎える際は、そうした気配り、融通をきかせることも大事でしょう。

銀座の超高級寿司店の職人が怒り出した理由

飲食店とのトラブルではこんなこともありました。

銀座にある、予約を取るのも困難な超高級寿司店でのことです。お任せのコースで順に握りが出てくるわけですが、お連れした女性が途中で「もう食べられない」とストップをかけました。すると、寿司を握っていた職人さんがかなりの剣幕で怒りだしたのです。

なんといっても銀座の超高級店ですから、コースの途中で打ち切るお客さんはほとんどいないのでしょう。ストップをかけられたことに、職人としてのプライドが許さなかったのかもしれません。

お連れした女性は、職人さんがなぜ怒っているのかよくわからず、茫然としていました。そこで私が、

「ちょっと体調が悪くなったようで……」

と、とりなして、その場は収まりました。

この店を予約できたのは、弊社で何度か富裕層の方々をお連れしているから。いわば、顔馴染みです。私もビジネスのうえで今後も使いたいお店ですので、内心ヒヤヒヤしましたが……。

それはともかく、お連れしたその女性は中国共産党幹部の奥様、超ＶＩＰです。お店を出たあと、「もう二度とあの店には行かない」とご立腹でした。

日頃から健康に気を遣い、炭水化物をあまり摂取しない食生活を送っている方です。ただこのときは、世界も絶賛する日本の本物のお寿司を味わいたいと予約したのです。

このエピソードも食文化の違いが背景にあります。中国では出された料理を残すことがマナーでもあるのです。もてなすホスト側は、お客様にたくさん食べてほしいと、必要以上の量を出します。それを完食してしまえば、「量が足りなかったのでは

……」と逆にホスト側は気にかけてしまいます。
つまり、中国では料理を残すことに対し、罪悪感がないのです。

和食専門店がおすすめ、うなぎは麻布十番「はなぶさ」が人気

訪日中国人向けの医療インバウンド効果としては、治療が一度で終わらず、何度も来日されること、あるいは健康診断のように年1回など定期的にいらっしゃることです。利用する飲食店は、気に入ればリピートしますし、常に新しいところに行きたがる方もいます。

お客様自身が調べて「この店に行きたい」とおっしゃる場合もありますが、基本的には食べたいものをうかがって、弊社であらかじめリストアップしてあるお店にお連れしています。リクエストが多いのは、やはり寿司や天ぷら、うなぎ、ふぐなどの和食です。

弊社でリストアップする基準は、当然高級店であり、味はもちろん、お店の雰囲気がよく、なおかつ、おもてなしもしっかりしていることです。基本的に専門店です。ミシュランガイドの星や「食べログ」サイトの評価などを見たうえで、実際に私やス

タッフがお店を利用してみて決めています。人気店ならば事情を話し、予約を優先してくれるようなお店がいいですね。なかには、いまだに中国人というだけで敬遠するお店もありますが……。

また、私たちのお客様のなかには芸能人も多いので個室が備わったお店も条件になります。

最近、中国人富裕層に人気なのが、麻布十番にある「はなぶさ」という、うなぎ料理店。本店は名古屋にあり、本場の「ひつまぶし」がいただけます。「地焼き」という名古屋伝統の調理方法で皮の食感を残しながら、中身は柔らかくしっとりとしたバランスが絶妙で、私も好きなお店です。また外国製の食器やグラスを使い、「和モダンなうなぎ屋」というコンセプトも受けているようです。滞在中に一度は行きたいというお客様が多いですね。

蕎麦屋さんにお連れすることもありますが、なかには、ざる蕎麦を見て、「そばだけ？」と驚く顔をする方もいます。ざる蕎麦はあまりにもシンプルで、物足りないようです。ですから蕎麦屋さんでは必ず、天ぷらも頼みます。

そもそも、中華料理は「素材をどう調理するか」ということを追求してきた料理であるのに対し、和食は「素材を活かす」ということに重きを置く料理です。訪日中国人がシンプルな和食に驚くのも無理はないかもしれません。

それと、富裕層が好む食材で忘れてはならないのが牛肉、和牛です。中国では和牛の輸入を認めていないため、国内では和牛独特の霜降り牛を食べられないのです。和牛目当てで訪日する中国人もいるほど人気です。

食べ方は、和風のすきやきよりも、焼肉やステーキを希望する方が多いですね。とくにステーキは大好きです。

私たちのお客様のなかには、高級ステーキ店でひと晩に三百数十万円も使った超VIPもいらっしゃいます。

カタコト中国語でも富裕層の心は温まる

それでは中国人富裕層の方々がリピートするのは、どんなお店でしょうか。

料理に関しては各人の嗜好もありますから一概には言えませんが、清潔で美しく盛りつけられた料理には感動します。そしてすぐに写真に撮ってSNSにアップします。逆の見方をすれば、料理の写真を撮ったら「気に入った」という証拠です。料理だけでなく、部屋の雰囲気、食器、飾り物などにも興味を待ちますので、細部まで行き届いた心配りが大切です。

心配りといえば、一流のお店でも中国人に対して黙って「お冷《ひや》」を出すお店がありますｃしかし、中国人は冷たい水を飲みません。冷たいものは身体を冷やし、健康に害を与えるという医食同源の考え方からです。

中国のレストランなどでは、真夏でも熱いお茶が出てきます。清涼飲料水を冷やして飲むようになったのは最近のことです。

ですから、いきなり「お冷」が出てきたら中国人は戸惑いますし、「中国人のことを知らない」とガッカリしてしまいます。

日本では「お冷」もおもてなしの一つですが、それが逆効果になってしまうわけです。しかも、サービスのいいお店ほど、水が少しでも減ったら、冷たい水を足したり、新しい「お冷」を持ってきます。中国人からすると、「せっかく氷が溶けて飲めるようになったのに、また冷たい水……」、まさにトホホな気分になってしまいます。

要はコミュニケーションの問題なのです。

最初にひと言、

「お冷でいいですか？　それともお茶か白湯《さゆ》にしますか？」

という問いかけがあれば、なんの問題も起こらないのです。

中国人に限らず、これだけ訪日外国人が増えたわけですから、日本人に対するのと同じ対応をしていたら、こうしたズレが必ず生じます。

コミュニケーションをとるためには、べつに中国語ができなくてもいいのです。中国人富裕層のほとんどは英語も理解できるので、英語で聞いてもいいです。もちろん、カタコトでも意味はだいたい通じるものです。

できれば、中国語も少しは覚えていただきたいですね。

「いらっしゃいませ」（ホォアン イイン クアァン リン）

「ありがとうございました」（シェシェ クアァン リン）

「またのお越しを」（ファンイン　ツァイライ）

この程度の言葉でも彼らは喜びます。日本人が海外に行って日本語で対応されたらうれしいのと同じです。

ちょっとした感動体験があれば、富裕層の方々も「また来たい」と思うのです。

富裕層のあるリピーターは訪日するたびに、なんの変哲もない街のラーメン屋さん

に立ち寄ります。もちろん味にも満足しているのでしょうが、その理由を聞いたところ、

「お店の人がカタコトの中国語も交え、笑顔で接客してくるのがうれしい」

と、話していました。

なぜ富裕層は5つ星以上のホテルに宿泊するのか

中国人富裕層が弊社にホテルの予約を依頼してくる場合、ほとんどの方々が5つ星以上のホテルを希望します。

ただ、ミシュランガイドやフォーブス誌の格付けで、都内に限れば5つ星ホテルはそう多くありません。東京オリンピック・パラリンピック２０２０が決定してから都内ではホテルの建設ラッシュが続いていますが、それでもまだ、他の先進国や観光立国に比べると世界に誇れるような最高級ホテルが少ないのです。

最高級ホテルが少ない分、繁忙期などは予約が取れないこともあります。そこで弊社では、５つ星ホテルと業務提携し、優先的に予約が取れるようにしています。ホテル側にとっても、中国人富裕層は上客です。

中国人に限らず世界の富裕層がなぜ星の評価にこだわるかというと、5つ星ホテルに泊まれば、洗練された広い部屋で最上級のサービスやおもてなしが受けられると信じているからです。これがグローバルスタンダードです。

しかし、日本人の感覚は少し違うのではないでしょうか。日本人の多くは、「料金に関係なく、サービスがいいのは当たり前」と考えています。実際、部屋の質や広さはともかく、星もなく、料金も安いホテルや旅館でも、5つ星、4つ星並のサービスやおもてなしを受けられるところがたくさんあるからです。

他の国の人たちにとっては、「料金が高い＝サービスがいい」「料金が安い＝サービスが悪い」が当たり前なのです。ですから、最高級のホテルにこだわるのです。

ホテルだけでなく、飲食店も同じでしょう。高いところは美味しい、安ければまずくても仕方ない。よって、ミシュランガイドの星にこだわります。しかし、日本人は安くても、美味しさを求めます。

これは、提供する側のホテルや飲食店でも同様に思っているから成り立つわけです。

もちろん私は、「日本もグローバルスタンダードに準じろ」と言っているわけではありません。「サービスは無料、安くても美味しいものを」という考えは、日本人の美徳だと思います。

こうした考えの根底には、「お客様は神様」「顧客ファースト」の思いがあるからでしょう。したがって「安くても美味しいものを」は、美味しいものをできるだけ安く提供することにもつながります。これもおもてなしの心です。

ただ、それは、中国人をはじめ多くの外国人観光客を受け入れている現状では、もったいない気がします。たしかに日本の料理やおもてなしには世界中の人が感動しています。ですから、それに見合う対価をもっととってもよいのではないでしょうか。

富裕層は、美味しい食べ物、上質なサービスには喜んでお金を払うのですから。

私は、東京に最高級ホテルがなかなか増えなかったのも、サービスに対して対価をいただくという考え方が日本人にはそぐわなかったからだと思います。

「日本でゴルフ」が増加中

「訪日外国人観光客の動向は、モノ消費からコト消費へ」というフレーズをよく聞きます。中国人観光客の「爆買い」に象徴されるような買い物主体の旅行から、レジャーやスポーツ、イベント参加、芸術鑑賞、健康・美容を通じ、特別な時間や体験、思い出、人間関係などに価値を見出す旅にシフトしているというわけです。

たしかにインバウンド向けの日本の文化体験や着物体験、美食ツアーなどの話題はよく聞きますし、温泉やスキーなど体験型の旅行も増えているそうです。

「モノ消費」はどうしても大都市が中心になりますが、「コト消費」は地方にも波及します。日本の地域活性化のためにも歓迎すべきことだと思います。

医療インバウンドも「コト消費」に含まれるわけですが、医療以外では買い物や食事などを楽しむ程度です。ただ最近、中国人富裕層の間で日本でゴルフを楽しむ方が増えているようです。私たちのお客様のなかにもゴルフのために訪日する方もいます。

中国では90年代後半から、共産党幹部など富裕層を中心にゴルフを始める人が増えました。ところが中国政府は、ゴルフ場は腐敗の温床として規制を設けたり、立入検査をおこなって厳しく取り締まっています。とくに習近平国家主席はゴルフ嫌いとして知られ、ここ数年は閉鎖に追い込まれるゴルフ場も少なくないようです。

そのため中国本土ではプレーをためらう人もいるようです。それでも中国はスケールの大きな国で、リゾート地として知られる海南島などには立派な施設のゴルフ場があり、予約を取るのも大変なくらい人気だそうです。

そうした事情のなか、日本でプレーする中国人が増えているわけです。

日本国内でも若者のゴルフ離れなどでゴルフ人口は減少、倒産するゴルフ場も増加しています。中国人ゴルファーの増加は「渡りに船」、お互いにウィンウィンの関係が築けるのではないでしょうか。

スキー、ゴルフの次のブームは？

北京オリンピック2008の開催は、中国の爆発的な経済成長の象徴的存在です。開催が決定してから北京の街は大きく変わりましたし、多くの外国人を迎え入れ、大会を成功させたのは、国にとっても中国人にとっても大きな自信になったと思います。そしてオリンピック後のさらなる成長をもたらしました。

その北京オリンピックでは、中国は金メダル獲得数で2位のアメリカを大きく引き離して1位でした（メダル総獲得数は2位）。中国はスポーツ分野でも世界大国です。

オリンピックに出場してメダル争いをするような選手たちは、子どもの頃にその才能を見出され、その競技に絞って訓練を受けて育てられました。いわば、スポーツ・エリートです。

では、中国の一般の人たちはどうかというと、あまりスポーツをする機会はありません。学校の体育の授業にも力を入れているわけではなく、日本のように部活動が盛んということもありません。2章で書いたように厳しい競争社会、勉強が最優先です。したがって、大人になっても趣味でスポーツを楽しむ人たちはあまりいませんでした。しかし最近になって経済的に余裕が出てきた中流層以上の間では、スポーツを楽しむ人たちが増えています。

ここ数年、日本国内でも「北海道に中国人スキー客が押し寄せている」というニュースをよく耳にするようになりました。スキーも「コト消費」の一つとして大いに注目されているわけです。

北海道スキーの魅力は、「パウダースノー」といわれる雪質に加え、スキー場近くには温泉も多く、スキーと温泉、さらに北海道の味覚と、セットで楽しめるところでしょう。

私たちのお客様である中国人富裕層の間でも、中国人スキー客の増加が始まる前から、北海道でスキーを楽しむ方はいました。そのために別荘を購入した方も何人かいます。

また北海道は、中国資本の進出が盛んな地域としても知られています。「星野リゾート トマム」「十勝サホロリゾート」「夕張リゾート」など、北海道を代表するリゾート地の多くが中国資本です。こうした背景を踏まえると、今後、さらに中国人スキー客は増えるのではないでしょうか。

スポーツという「コト消費」で考えると、今後はスキーやゴルフだけでなく、第3、第4の波が押し寄せる可能性は大いにあるでしょう。

そして、日本でのスキーもゴルフも先鞭をつけたのは中国人富裕層。今後、彼らがどんなスポーツに興味を持つか、その動向に注目しておくことが新たなビジネスチャンスにつながるのではないでしょうか。

２０２２年には北京で冬季オリンピック・パラリンピックが開催されます。次のブームのヒントになりそうですね。

富裕層が求めるのは本物であること

数年前、日本の領海である小笠原諸島周辺などで中国の漁船によるサンゴの密漁が相次ぎ、大きな問題となりました。なぜ彼らは捕まる危険を冒してまでサンゴを獲りにきたかというと、この海域に生息する希少な宝石サンゴが中国本土で非常に高値で取引されるからです。一説には、日本近海で密漁したサンゴを日本円にして約39億円で売り抜けた船主がいるという話が広まり、中国の漁船が小笠原に殺到したといわれています。

宝石サンゴのなかでも高価なのが赤サンゴで、赤は中国では縁起が良く、好まれる色です。中国では長年の乱獲で資源が減少、1988年に「国家一級重点保護動物」に指定され、採取が禁止されています。それが希少価値をいっそう高め、高価なものでは1キロあたり数百万円もします。投機目的で購入する人も多いので、価格はさらに高騰しているのです。

まさに中国人富裕層の富の象徴のようなイメージがありますが、私たちのお客様のなかでは赤サンゴに興味を持つ人は少ないようです。

どこで弊社のことを知ったかわかりませんが、日本国内の産地、四国の赤サンゴ業者の方が中国の富裕層への販売を仲介してほしいと訪ねてきたことがあります。弊社では仲介を商売にしているわけではないのでお断りしたのですが、その話を富裕層の方々にすると、赤サンゴは現在では希少とはいえ、数としては流通しており、決して珍しいわけではないそうです。

また、日本風にいえば「成金趣味」のようで、赤サンゴは好きじゃないという声もありました。

中国の富裕層は投資目的で美術品や工芸品を購入するということはあまりないようです。美術品や工芸品はあくまでも趣味の世界であり、自分の嗜好にあった本物を求めています。そして眼鏡に叶ったものがみつかったときには価格は二の次、青天井で出費します。

ブランド品をすすめるなら日本限定品

中国人富裕層のショッピングで外せないのが欧米の高級ブランド品です。私たちのお客様のなかにも一度の買い物で数千万円もまとめて購入する方もいらっしゃいます。買いすぎてプライベートジェットに品物が収まりきれなかったなどという超セレブの逸話も残っています。

経済発展の著しい中国、当然、大きな都市では欧米の高級ブランド品も店頭に並んでいます。ところが中国では有名ブランドには高い輸入税がかけられており、日本以上に高い価格なのです。そこで訪日の際にまとめて購入するわけです。

もちろん、価格だけではありません。富裕層の方々は中国で販売しているもの自体をあまり信用していないからです。

中国で偽ブランドが横行していることは、日本人でもほとんどの方がご存じでしょう。また、欧米ブランドでも中国で現地生産しているものが多くあります。材料は中国産、縫製も中国人、同じブランドでも本場製とは品質に差があります。

さらに、日本では同じ高級ブランドでも中国よりもラインナップが充実しており、ここが大切なのですが、中国では入手できない日本限定の商品があるからなのです。一つ数百万円以上するヴィトンの限定バッグなどもまとめて買う方がいらっしゃいます。一度に数千万円も使ってしまうのも、うなずけます。

したがって中国人富裕層に商品をすすめる際には、「限定品」「ここにしかない製品」「残りわずか」といった希少性をアピールすると飛びつく可能性が高まるのではないでしょうか。

余談ですが、中国ではファッションに関して、日本ブランドはほとんど知られていません。比較的名が知られているのは、店舗数が多い「ユニクロ」と「無印良品」

「イッセイミヤケ」「ヨウジヤマモト」「ケンゾー」ぐらいではないでしょうか。

体型的には多少差がありますが（中国人のほうが大きい）、同じアジア人なので、似合う服や好みは共通していると思います。中国という巨大市場が、欧米ブランドに独占されているのはちょっと残念です。

ただ、ストリート系のファッションを好む「富二代」たちは、日本のブランドにも興味を持ちはじめたので、これからがチャンスだと思います。

第5章　中国人富裕層にアプローチする方法

中国人インバウンド・ビジネスは富裕層の動向がカギ

言うまでもなく、中国は日本にとってすぐ近くにある巨大マーケットであり、21世紀は日本経済も世界経済も中国抜きには語れません。

当然、日本企業も中国進出を目指しているわけですが、その大きな壁に跳ね返された企業も少なくありません。むしろ成功例のほうが少ないと言っていいでしょう。

「あれだけの人口の国なんだから、なんとかなるだろう」

といった安直な考えでは失敗するのは当然です。中国は日本人が想像する以上に多種多様な国家です。地域格差、個人の経済格差も大きく、さらに一部には反日感情も根強く残っています。

もちろん、日本国内と同じビジネスモデルや考えを持ち込んでもうまくいきません。多種多様な人たちにどうアプローチするか。

進出にあたって有効なのは、ターゲットの絞り込みでしょう。そして、そのターゲットとして最適なのが富裕層です。

アメリカのコンサルティング会社「ベイン・アンド・カンパニー」の調査によると、世界の高級ブランド品の市場規模約159兆円のうち32%を中国人が消費しているそうです。当然、購買層は富裕層が中心。いまや中国人富裕層は「世界経済の成長エンジン」と言っても過言ではありません。

富裕層に始まったブランド志向は現在では中流層にも広がり、中国市場におけるブランド消費は今後、さらに拡大すると予測されています。

世界の有名ブランドなども中国人富裕層を取り込もうと、あの手この手で攻勢を仕掛けています。すでに海外有名ブランドの大半は中国に出店しており、中国で知名度の低いブランドも大型旗艦店を出店するなどブランド認知度の向上に躍起になっています。

私の経験でも、中国の富裕層の方々を銀座に案内すると、自身が知っているブランドのショップの前では足が止まり、知らないブランドはスルーする方が多いように見受けられます。そのあたりはとても保守的と言えます。まずはブランドの認知度を上げるのが急務と言えるでしょう。

中国では11月11日を「ダブル11（独身の日）」といい、ネットショッピング・イベントが開催されますが、海外ブランドの多くは、この日に合わせて限定品を販売しています。中国人は富裕層も含め、「いましか買えない」「数に限りがある」といった限定品に飛びつく傾向が強いようです。２０１７年は海外企業６万社が参加しています。

ちなみに、２０１８年の「ダブル11」では、中国最大手のｅコマース「アリババ」グループは、たった１日で３兆４１６０億円の売り上げを記録しています。日本最大手の「楽天」の年間売り上げが３兆３９１２億円（２０１７年１～12月期）ですから、「ダブル11」１日で楽天の年間売り上げを上回りました。このことからも、そのスケールの大きさがおわかりいただけるでしょう。

また、アルマーニ（ARMANI）などのように、中国人の興味をひきやすいよう、干支と結びつけた限定品を発売することも珍しくありません。

一方、４章で書いたように「コト消費」に関しても、中国人富裕層が先鞭をつけ、中流層が後に続く……という構図は変わりません。

中国マーケット進出（アウトバウンド）、インバウンド・ビジネス、どちらもカギを握るのは中国人富裕層であり、彼らの動向をつかむことが成功への第一歩なのです。

中国人富裕層と遭遇の場、現地での展示会

弊社は創業当初、日本と中国の懸け橋となるべく、中国人富裕層向けのビジネス文

援、中国プロモーション支援、中国ＷＥＢマーケティング支援、あるいは中国語サイト制作などを手掛けてきました。

そして日本のあるクリニックの中国でのプロモーション支援をきっかけに、医療インバウンド事業へとシフトしていきました。

正直なところ、従来の業務も継続していきたいのですが、現状では医療インバウンドの需要が増える一方です。そのため手が回らないというのが実情です。スタッフも手一杯なのです。もちろん、従来のお客様からの依頼などには対応させていただいていますが……。

中国人富裕層向けビジネス支援は、日本企業の中国人富裕層へのアプローチ機会をイベントやプロモーションなどを通じて提供するマッチングサービス。中国で開かれる富裕層向け展示会に日本企業の参加を募り、出展企業に対しては出展ブースの企画・施工、販促ツールの制作・配布、現地でのアテンド、通訳、メディア対応など、ワンストップでおこなっています。

北京では毎年秋に富裕層向けの北京耀莱高級品ブランド文化展示会（略称：耀莱高級品展示会）が開催されています。この展示会は中国商務部が唯一正式に認可している高級品展示イベントで、弊社が出展などに関する日本の窓口となっています。中国ヨーロッパ経済技術協力協会および耀莱グループによって運営される中国最大規模の展示会です。

招待されるのは、個人のセレブや企業幹部エリート、芸能人、ポロクラブ会員、高級クラブなどのＶＩＰ会員、さらに銀行のブラックカード・ゴールドカード保有者、銀行のプライベート顧客などです。その他、ブランドエージェント、高級品を扱う小売業者など。さらに、注目度の高い展示会なので例年１００社を超えるメディアが取材にきます。

展示品は多彩ですが、なかでも注目されるのは高級車やジュエリー、オーディオ、ワイン、高級食品・食材などです。高級車などもその場で即決し購入する富裕層も多く、大いに盛り上がります。

このような展示会は、中国の富裕層に近づく大きなチャンスです。出展者は富裕層とダイレクトに接触できるわけですからその場での販売はもちろん、名刺交換できれば後々につながります。

大規模な展示会に出展するためには費用もかさみますので、まずはこうした展示会を視察するのもいいでしょう。現場の空気に直接触れることで、得るものも大きいと思います。マーケティングの参考になるのはもちろん、富裕層の人となり、あるいはライバルとなる業者の動向などもつかめます。

展示会は入場だけなら無料のところも多いですから、まずは足を運んでみることをおすすめします。

テレビや雑誌、ＷＥＢなどを活用したプロモーション事業

弊社の中国プロモーション支援は、国営メディアのほか、新聞や雑誌、テレビ・ラジオ、ＷＥＢなどあらゆる媒体への広告、ＣＭ出稿業務の代行です。媒体のなかには弊社が日本総代理店となっているところもあり、中国の広告代理店より安価に提案できる強みもあります。また、中国市場にマッチした広告やＣＭ制作のアドバイス、翻訳なども弊社の業務です。

ちなみに中国では、国営放送（ＣＣＴＶ）といっても、経営はＣＭ収入でカバーしています。チャンネルも、政治や経済から映画やドラマ、スポーツ、バラエティなど多彩です。最近はスマホの普及で、テレビの存在感はいまひとつですが、番組はすぐ

にスマホに配信されるので、リアルタイム視聴は少なくても人気番組などはかなりの人が自分の好きなときに観ているようです。

弊社のＷＥＢマーケティング支援は、中国の主要検索エンジン「百度（バイドゥ）」、「３６０捜索（サンリューリン検索）」などにおけるＳＥＯ（検索エンジン最適化）対策、リスティング広告など、中国市場におけるＷＥＢマーケティング活動全般をサポートします。

「百度」は、日本でもその名が知られていますが、中国最大手の検索エンジンで１日の検索回数は60億回を超えるといわれており、世界でもグーグル（Google）、ヤフー（Yahoo）に続く第3位です。

一方、「３６０捜索」は、中国最大のセキュリティ企業「奇虎３６０」が展開する検索サイトで近年急成長を遂げています。広告規制が厳しい「百度」では出稿できない広告でも、「３６０捜索」では出稿できるケースもあります。

リスティング広告はサーチエンジンの検索結果が表示される広告ですが、弊社では中国の大手広告代理店とパートナーシップを結び、中国特有のリスティング広告運用技術の提供、きめ細かい管理、成果改善までトータルサービスを提供し、好評をいただいています。また中国のトレンドをつかんだ広告表現なども提案しています。

こうした中国ビジネスで培ってきた経験が弊社の財産であり、中国の富裕層や各種メディアなどとの信頼関係、太いパイプにつながっているのです。

企業も積極的に導入するSNS「ウェイボー」

中国では政府の規制で、フェイスブック（Facebook）やツイッター（Twitter）、ライン（ＬＩＮＥ）も基本的に使えません。その役割を果たしているのが、「ウェイボー（Weibo：微博）」と「ウィーチャット（WeChat：微信）」という2つのソーシャルメディアです。

口コミが大きな影響力を持つ中国では、いまやこの2つのＳＮＳが市場を動かす原動力にもなっています。

ウェイボーがサービスを始めたのは２００９年で、現在では世界中で7億人以上が使い、そのうちアクティブユーザーは1日1億３９００万人、1日平均1億３０００万件の投稿があります。

かつては「中国版ツイッター」「ミニブログ」と言われていましたが、実質的にはツイッターとフェイスブックの中間的な使われ方が主流です。公式アカウントでは、ツイッターのような文字数制限もありません（一般アカウントは140字まで）。投稿に対してコメントや「いいね」もつけられます。文字だけでなく画像や動画も使え、最近は動画のアップが増えています。

スマホだけでなくパソコンからもアクセスできるため、幅広い層が利用し、ウェイボーに登録していれば誰でも閲覧可能です（見られる人を限定する機能もあり）。ユーザーと企業をつなぐサービスのプロモーションにぴったりのSNSと言えます。

そのため中国の企業にとっては、ホームページと並んでウェイボーの企業公式アカウントが必須です。現在、ウェイボーの登録社数は130万社に達し、3億2500万人が企業アカウントをフォローしています。小さな企業や飲食店などでは、ホームページはなくても、ウェイボーの企業公式アカウントは持っているというところも少なくありません。そして、ウェイボーからさまざまなキャンペーン情報やクーポンの配布などを頻繁に投稿しています。いまやウェイボーは中国を代表するセールスツールと言えるでしょう。

日本企業のなかにも中国進出の足掛かりとして、あるいはインバウンド向けにウェイボーの企業公式アカウントを持っているところが増えています。

また、個人では２０１７年、トヨタ自動車の豊田章男社長がウェイボーデビューを果たし話題になりました。同社は中国を、最高級ブランド「レクサス」の最大市場に押し上げる計画で、章男社長のウェイボー投稿もレクサスに特化した「つぶやき」になっています。ちなみに章男社長が最初に投稿した日、フォロワーが一気に２万人近くに達したそうです。

その他、倉木麻衣さんやディーン・フジオカさん、桐谷美玲さんなど、日本の芸能界でもウェイボーのアカウントを持つ人が増えています。

訪日中国人の8割以上とつながるチャンス、情報発信はこまめに

訪日中国人に対する日本国内のプロモーションにはいまや、ウェイボーは最適と言えるＳＮＳです。

なんといっても中国人の８割以上が利用し、そのうち90％はスマホからアクセスしているというデータもあります。訪日中国人の８割以上はウェイボーから情報を得ていると言い換えることもできます。実際、日本で街を歩く中国人を見ても、ガイド

ブックやパンフレットを持ち歩いている人は皆無。ほとんどの人がスマホを操作していますね。

飲食店やショップがウェイボーを通じて、おすすめメニューや商品を紹介したり、価格が割引になるクーポン券を配布すれば、集客力アップにつながります。インスタ映え（中国では「顔値《イェンジー》」と呼ばれている）を意識した写真などを投稿するのも集客には有効です。

じつはウェイボーは富裕層にも好まれているSNSで、弊社に「ウェイボーで検索したお店に連れていってほしい」というリクエストもあります。

読み手が中国人なわけですから当然、中国語で発信する必要がありますが、ウェイボーにはグーグル翻訳の機能がついているので、日本語で入力して中国語に変換すればOKです。手間もかかりません。

ただ日本では、企業でも、飲食店、ショップでも、ホームページを一度立ちあげたらそれで満足し更新を頻繁にしないケースも見受けられます。それでは宝の持ち腐れ、ウェイボーは投稿してナンボです。したがってウェイボーを利用する場合は、頻繁に投稿できる体制や環境を整えてからのほうがよいでしょう。

その際には、お店の情報ばかりでなく、日本の食や芸能、アニメなどさまざまな話題や、投稿者の身の回りで起こった私的な話なども紛れ込ませ、訪日中国人に関心や親近感を持ってもらうことも大事です。

ウェイボーでつながっていれば、リピート訪日した際にまた立ち寄ってもらえる可能性も高まりますし、なによりも拡散されて認知度がグンとアップします。

ちなみにウェイボーには「一般アカウント」「企業公式アカウント」「個人認証アカウント」の３つのアカウントがあり、そのいずれかに登録をする必要があります。企業や飲食店などは有料になりますが、アカウントページのカスタマイズ、イベント実施機能、決済機能を利用したｅコマース展開などができる「企業公式アカウント」がプロモーションに便利です。

企業公式アカウントの取得は、ウェイボーを運営する「新浪日本微博」に申請依頼します。その後、必要書類（登記謄本・誓約書など）を提出し、審査に通過すれば取得できます。手間がかかると思うかもしれませんが、一度取得すれば集客や販売促進に役立つほか、後述するスマホ決済などもできるようになりますので価値は大いにあると思います。

登録料はちょっと高め、USドルで1080ドル（日本円で約12万円）です。一般は無料ですので、まずは一般アカウントをつくり、ウェイボーがどんなものか、実際に体験するといいでしょう。

中国版ライン「ウィーチャット」利用者は11億人！

一方、ウィーチャット（WeChat：微信）はひと言でいえば、「中国版ライン」「インスタント・メッセンジャー・アプリ」です。こちらは自分が許可した人以外は閲覧できないクローズドなSNSです。

ウェイボーよりも遅く2011年、テンセント（騰訊）グループがサービスを開始しました。2018年3月の時点で利用者は約11億人、ウェイボー同様、8割以上の普及率を誇っています。日本国内で普及しているラインユーザーは7500万人、人口のおよそ6割ですから、いかに中国でウィーチャットが浸透しているか、おわかりでしょう。

しかも利用者のじつに93％が毎日使っていて利用率が非常に高いのも特徴でしょう。またウェイボーと同じく、パソコンともつながっているので仕事上のメールのやりとりにも使われています。

いまや中国人の日常にとって欠かせないツールと言えます。一般ユーザーのほか、企業や有名人が公式アカウントを開設してプロモーションにも広く活用しています。こちらも中国企業の75％が公式アカウントを利用しているというデータもあります。

使い方もラインとほぼ同じと思っていいでしょう。文章入力やボイスメッセージでチャットしたり、電話機能（無料）もあります。日本同様、スタンプも無料・有料ともにかなりの数があります（日本よりクオリティは低いようですが）。学校の同級生や仕事仲間、ママ友、そして富裕層同士などもグループをつくって会話や情報の共有を盛んにおこなっています。

私も中国のクライアントや富裕層の方々との連絡にはウィーチャットを利用しています。とくに新規のお客様とは事前に何回もやりとりして十分に納得して頂いてから訪日してもらいます。また、グループチャットで富裕層の動向も知ることができます。

中国ではインスタグラム（Instagram）が使えないので、写真をアップするアプリとしてもウィーチャットがメインになっています。後述しますが、決算機能のウィーチャットペイ（WeChat Pay）も広く使われています（１７６ページ参照）。

もちろん日本でもアプリをダウンロードできます。ただ、中国本土で使う中国版と日本でもダウンロードできるグローバル版では、表示や決済機能に違いがあります。

日本国内でも企業などがラインの企業アカウントを使ってラインユーザーにプロモーション活動を展開していますが、ウィーチャットにも同様の公式アカウントがあります。「購読アカウント」「サービスアカウント」などです。それぞれ投稿回数など利用条件が異なります。公式アカウントを取得すると、メルマガのように定期的にフォロワーに記事を配信したり、フォロワーと1対1でのやりとりもできます。もちろん電子マネーを使ったサービスもできます。

日本企業がウィーチャットの公式アカウントを開設するには、代理店を通しておこないます。日本国内にも現在では多くの代理店があります。

SNS活用で圧倒的に支持されるマツモトキヨシ

スマホ社会の中国でウィーチャットやウェイボーはともに人口の8割以上が利用している、まさにモンスター・ソーシャルメディアです。中国人を対象にビジネスを考えているなら、活用しない手はありません。

もちろん、すでに日本の企業のなかにも公式アカウントを取得し、中国人ユーザーにアピールしているところはたくさんあります。なかでも成功例としてよく引き合いに出されるのは、ドラッグストアの「マツキヨ」こと、マツモトキヨシです。

マツキヨは「爆買い」が話題になった２０１５年前後、銀座や新宿など繁華街の店舗に連日、訪日中国人が押し寄せ、恩恵を最も受けた企業の一つです。

現在は中国にもドラッグストアが誕生していますが、当時はありませんでした。化粧品や薬、日用品、お菓子などがディスカウント価格で買えるのは相当、衝撃だったようです。

中国では日本の薬は購入できず、さらに化粧品や日用品は売っていても関税が高いため日本の倍近くの値段です。お菓子も、たとえば中国でも知名度が高い北海道土産の定番「ロイズ」の生チョコなどは日本の3倍もします。訪日中国人がこぞってマツキヨに殺到したのもうなずけます。

マツキヨや他のドラッグストアでも同じですが、日本の化粧品やスキンケア商品は中国人女性のハートを鷲づかみにしました。当時、コーセーの「雪肌精《せっきせい》」という化粧水を大量に買い込む女性が続出、大きな話題にもなりました。

その他ドラッグストアの商品では「熱さまシート」「アンメルツヨコヨコ」「命の母A」「龍角散」などの医薬品が爆買いのヒット商品になりました。

また、化粧品や医薬品などドラッグストアの主力製品は消費財ですから、気に入れば繰り返し購入する確率が高い商品です。つまり、リピーターになってくれる期待値も高くなるわけです。

マツキヨは、いち早く中国語のモバイルサイトを立ち上げ、ウェイボーやウィーチャットの公式アカウントも取得しました。そしてこれらのSNSを使って、クーポン券の配布、キャンペーンの通知など、積極的なプロモーション展開をしたのです。

SNSの強みは、売り手側からユーザーに直接働きかけができることです。

訪日の際にマツキヨで買い物をした人たちは、帰国後も頻繁に送られてくるメッセージに動かされ、越境eコマースでマツキヨの商品を購入するわけです。またマツキヨからの情報発信は、その人のウィーチャット（微信）グループにも伝わり、拡散していきます。なぜなら企業アカウントでは、自分がもらったクーポン券を友人にシェアできる機能もついているからです。

中国人の間ではドラッグストアなら「マツキヨ」という認識がSNSや口コミで広

まり、「日本のドラッグストア＝マツキヨ」というイメージが定着、マツキヨは中国にお いて唯一無二の存在となりました。

中国のインフルエンサーはKOLを活用

マッキヨの場合、訪日経験のある人たちの口コミやSNSを通じて知名度が高いお店でした。それでは、中国で知名度ゼロの企業がプロモーションをおこなう場合、どのようにしたらよいのでしょう。

現在、多くの企業が利用しているのが、「キー・オピニオン・リーダー（ＫＯＬ）」や「網紅《ワンホン》」と呼ばれる人たち。彼らは日本でいえば、「インフルエンサー」「パワーブロガー」であり、網紅は「ユーチューバー」に近い存在と言えます。中国には「網絡直播」という動画サイトがあり、おもにそこに投稿する「ネットの有名人」たちです。

ＫＯＬと呼ばれる人の大半は投稿で生計を立てるプロフェッショナルで、網紅は専業ではなく、学生や会社員、モデルなどが多いようです。

ＫＯＬと網紅の区別はあいまいなところもあるので、ここでは両者を合わせてＫＯＬと呼びます。ＫＯＬのなかにはフォロワー数が５００万人を超える人も大勢います。

日本の自治体や旅行会社がＫＯＬを招待し、観光地を巡ったり、名物を食べたりする様子をＳＮＳに投稿してもらい、ＰＲしてもらうこともよくあります。

実際に影響力のあるＫＯＬが紹介した商品やサービスがあっという間に大ヒット商品になったというケースは枚挙に暇《いとま》がありません。売れっ子になると20歳そこそこでも何十億円と稼ぐＫＯＬもいます。日本とはスケールが違いますね。そのクラスになると費用も半端なく、日本企業からの依頼にツイートするだけで、何千万円も請求されることも珍しくありません。

逆にこれだけ稼げるわけですから、フォロワー数を不正操作する人もいて、大きな問題にもなっています。

ただフォロワー数が多ければいいというわけではありません。大事なのは、そのＫＯＬの発信がどれだけ購買に結びつくかということです。

ＫＯＬにもそれぞれ得意な分野があるわけですし、人気だからというだけで飛びつくのは危険。その商品の購買層にマッチしたＫＯＬを選び、発信内容、どのＳＮＳを使うかなど、事前に慎重に検討する必要があるでしょう。

現在ではＫＯＬを管理するプロダクションのような会社もあり、そこからコンタクトをとることができます。

なぜ中国人は口コミに頼るのか、富裕層もＳＮＳで強固なネットワーク

なぜ、中国ではＳＮＳがこれほどまでに急速に定着したのでしょうか。もちろん、スマホの普及が最大の理由でしょう。しかし、その根本にあるのは「口コミ文化」だと思います。ＫＯＬの存在もそれを裏付けています。

日本の調査会社が中国人女性におこなったアンケートで、「現在あなたが使っている化粧品はどこで知りましたか」という問いに、最も多かったのは「知人・友人」だったそうです。口コミを一番頼りにしていることがわかります。とくに化粧品の場合、ニセモノが出回る事件が頻繁に起きているため、使っている人の感想を聞かないと手を出しにくいのです。

３章で述べたように、中国には古くから「圏子《チィエンズ》」という血縁や地縁、職縁、あるいは同窓といったつながりを大事にし、そのなかでお互いに助け合ったり情報交換をしながら生活してきました。

ＳＮＳも言うならば、ネットを介した口コミです。中国人に馴染みやすく、親和性

の高いコミュニケーションツールなのです。

また本来、情報源となるはずの中国メディアは中国共産党の管理下にあり、人々があまり信用していないという背景もあります。雑誌やテレビの影響力も現在では低下傾向にあります。

たとえば日本では、少し前までは雑誌やテレビからグルメ情報などを入手するのが普通でした。ネットが発達した現在でも旧来のメディアの情報のほうが信頼度が高いと思っている方は多いでしょう。お店に行っても「雑誌○○で紹介された」「○○の番組でレポーターの○○さんが絶賛！」といった張り紙をよく見かけます。

一方、中国ではグルメ関連の雑誌やテレビ番組は後発、日本のように根付く前に現れたのが「大衆点評」（中国最大のグルメなどの生活情報アプリ）などです。これは日本の「食べログ」のような存在です。そして瞬く間に中国の人々の間に浸透し、友人や家族に伝えるような気分で気軽に投稿されるようになりました。いわば、ネットによって中国全体が「圏子」として結ばれたような状態です。

口コミを重視し、SNSを使いこなすのは富裕層も同じです。ウィーチャットで富裕層同士の強固なネットワークをつくり、情報を共有しています。

このネットワークは全土に広がり、ビジネスからグルメ、海外の情報までやりとりしています。このネットワークにアクセスできれば、ビジネスのうえでも大きな力となるでしょう。

一方、「口コミ文化」を逆手にとる人たちも登場しています。いわゆる「やらせ」の書き込みです。企業などから依頼を受けて、いかにも一般の消費者が投稿したような内容で商品やサービスを推奨するのです。こうした「やらせ」書き込みのプロフェッショナルも多数存在します。ちなみに彼らは「水軍」と呼ばれているそうです。元来、薄っぺらな情報を水増しして書くことに由来しているようです。

日本でも数年前に芸能人が、宣伝だとわからないようにして宣伝するステマ（ステルスマーケティング）が問題になりましたが、なにしろ、10億人以上のユーザーがいる国、やらせのスケールも大きいようです。

お年玉もスマホ決済、日本でも導入は必須

スマホによって中国人のSNSは一気に広まっていき、経済的・社会的にも大きな変革をもたらしたわけですが、スマホの登場によって劇的に変わったことがまだあり

ます。いわゆる「スマホ決済」です。

現在の中国では、買い物の支払いもほとんどはスマホ一つで済みます。レストランやホテルはもちろん、タクシー、病院、街角の屋台、映画館、さらに年金の受取りから個人間の送金、お年玉までスマホ決済です。

中国では現在、アリペイ（Alipay）とウィーチャットペイ（WeChat Pay）が二大決済機能として普及しています。アリペイの場合、ユーザーは5億人を超え、1日の取扱数は1億6000万件を超えています。中国は世界随一のスマホ決済先進国なのです。

中国のスマホ決済で優れているのはどちらも「QRコード決済」を採用している点です。日本の「おサイフケータイ」のような非接触方式では専用のカードリーダーが必要になりますが、QRコード決済ならレジのコードリーダーで顧客のスマホに表示されるQRコードを読み取るだけなので追加の設備投資は不要です。もし店舗にコードリーダーがなかったとしても、店舗用のQRコードをレジ付近に掲示し、顧客のスマホで読み取ってもらえば決済ができます。いまや物乞いもQRコードを自分の前においてスマホ決済で払ってもらっているとか。

日本でも話題になりましたが、ここ1、2年で北京や上海ではシェア自転車が爆発的に広がりました。その普及にはスマホ決済が普及していることが下地としてありました。スマホに入れたアプリによって自転車の設置場所の検索、鍵の解錠・施錠、利用距離、料金、消費カロリーまでわかります。もちろん決済もスマホです。

さらに、無人コンビニ、無人スーパー、無人衣料店なども増えています。これらもスマホ決済が定着しているからスムーズに導入できたわけです。スマホ決済、すなわちキャッシュレス化は、中国のほうがはるかに先に進んでいます。

中国は、いまや財布を持たなくてもスマホさえあれば生活できる国なのです。

日本でもようやくリクルートやソフトバンクなどがＱＲコード決済機能を備えたスマホ開発に乗り出しました。日本政府も東京オリンピック・パラリンピックが開催される２０２０年までには、外国人が訪れるおもな商業施設やホテル・旅館、観光スポットなどで決済端末のＩＣ対応化を１００％実現させる目標を立てています。

すでに訪日中国人の大半がスマホ決済を利用しているので、日本の店舗でもスマホ決済を導入すれば、中国人の財布の紐がいっそう緩むことが期待できます。

中国人富裕層はアリペイやウィーチャットペイよりもクレジットカードを利用する

方が多いようですが、最近、彼らが好んで利用する「GINZA SIX」全館にスマホ決済が導入されたことを知り、便利になったと話していました。

富裕層に限らず訪日中国人がやってくる店舗ではスマホ決済が必須と言ってもよいでしょう。

リクルートやソフトバンクのスマホ決済機能は、アプリの導入費用や月額利用料は無料で、決済額に応じた手数料のみという仕組みです。

記念撮影は断るな。写真は無料で世界にアピールするチャンス

スマホによる社会変革はまだあります。それはカメラ機能です。

中国からの訪日観光客が増えはじめた頃、撮影の際に「自撮り棒」を使うことから、マナーが悪いと問題になった時期がありましたが、中国人はスマホで写真を撮るのが大好きです。

日本でも「フォトジェニック」あるいは「インスタ映え」という言葉が定着していますが、中国には「顔値《イエンジー》」という言葉があります。本来は顔のよしあしの偏差値を意味していましたが、ネット上では現在、「写真の見栄え」という意味で使われていま

す。顔値の高い写真を撮ってＳＮＳにアップし友人に自慢することが大きな楽しみなのです。

とくに旅先ではその傾向が強く、「顔値」が高いかどうかが買い物でも食べ物でも判断の基準になっているわけです。したがって中国人にアピールするなら「見栄え」が大事なのです。

写真好きは富裕層も同じです。飲食店に行っても、美味しそうな料理、美しい盛りつけが出てくれば必ずスマホで撮り、ＳＮＳにアップしています。そのＳＮＳの先につながっているのも富裕層です。アップしてもらえれば、富裕層の間に拡散していくのですからＰＲ効果は抜群です。

ホテルや旅館、あるいはショップでもチャンスはあります。美しい花や珍しい置物など、気に入ればスマホを向けます。そんなときにひと言声をかけて花の種類や作者、特徴などを説明すれば喜ぶこと間違いなしです。

中国人に限らず外国人に対しては腫れものに触るように消極的になってしまう日本人が多いようですが、彼らもコミュニケーションを求めていますし、話しかけられること自体がうれしいのです。カタコトの言葉、身振り手振りでもいいですから、まずは話しかけてみましょう。

　私たちのお客様のなかにも、飲食店で味やおもてなしに満足したときには、お店の主人やスタッフと一緒に記念撮影を望む方もいます。しかし、スタッフのなかには恥ずかしがって断る方もいます。

　もうおわかりだと思いますが、それは相手をガッカリさせると同時に、お店のピーアール拡散のチャンスをみすみす逃していることになってしまいます。さらにリピートの機会も失ってしまいます。

　実際、あるお客様がＳＮＳにアップされた写真を私に示して、「この店に行きたい」と要望されたこともあります。名の知れた老舗のうなぎ屋さんで、お客様の友人と板前さん、着物姿の女将さんが笑顔で収まっている写真でした。

　写真に関しては観光地でも同様。「顔値」の高い場所を積極的にアピールすることが大切です。撮影スポット、アングル、時間帯など、こと細かに提示して良い写真を撮ってもらえるよう工夫しましょう。

　その写真が世界中に広まり、お金をかけない最高の宣伝になりますよ。

何事も即断・即決の中国。「スピード感」の違いを感じとれ

これまでに見てきたように、スマホの登場で中国社会はものすごいスピードで変化しました。じつはこのスピード感こそ、中国人の真骨頂だと私は思います。

実際に、中国人と友人として、あるいはビジネスパートナーとしてつき合ううえで、日本人が戸惑うのは「スピード感」ではないでしょうか。とにかく、決断が速い。弊社の新規のお客様も、検査にしても治療にしても逡巡することはほとんどありません。一度のやりとりで「やるか」「やらないか」即決します。

プロモーション事業を中心におこなっていたときもそう感じました。中国では個人ばかりでなく、企業、組織も同様です。私には、このスピード感、つまり、実行力が中国経済の急成長を支えてきた要因だと思っています。

対して日本は、個人も組織も含めてなかなか決断しません。とくに組織は、大きくなればなるほど決断が遅くなります。もちろん、ときには鶴の一声、トップダウンで決まることもありますが、大半は組織のなかで責任の所在がはっきりせず、誰もが責任をとりたくないので決まらない……。そんな印象を持ちました。

当然、中国側としてはイライラしてきます。なかには、

「本当にやる気があるのか！」

と、キレた人もいます。

日本でビジネスをしている中国人の友人が、

「3年ぶりに○○市に行って担当部署の人に会ったんだけど、3年前と同じ名刺で『○○準備室』と書いてあった。3年もそのままなんて」

3年も準備室があるなどということは中国人には考えられません。

もちろん、しっかりと計画を立てプロセスを大事にして結果に導く日本のやり方も一つの方法ですが、即断即決の中国とは水と油、中国と日本でビジネスがうまく回らない大きな要因でしょう。

スピード感は連絡のやりとりにもあらわれます。前にも書いたように、お客様が中国本土にいる間の連絡手段はほとんどウィーチャットです。

メッセージの内容は多様ですが、スケジュールの確認などに対してはすぐにレスポンスをしないと怒る方もいます。第一線で活躍されている方が大半ですから分刻みのスケジュールです。早く決定したい気持ちもわかりますので、極力、素早いレスポンスを心掛けています。

レスポンスが遅いと注意もされます。それでも根に持つような人はいませんので、その後、素早い対応を心がけていれば関係もすぐに修復します。

いずれにしろクイックレスポンスが、中国人富裕層とビジネスをするうえで鉄則と言えるでしょう。とくに北京の人は相対的にせっかちな人が多いので要注意。上海や広州など南の人のほうが鷹揚ですね。

商談ならミシュランガイド掲載店、カラオケはNG

中国人富裕層とつき合う際、顔合わせや商談で最初に喜んでもらうためには、気に入ってもらえるお店にお連れすることです。雰囲気の良い店で美味しい食事を一緒に囲めば距離もぐっと近づくはず。

富裕層が好むのは、ジャンルを問わずミシュランガイドの星を獲得しているお店です。また、「中国版食べログ」とも言える「大衆点評」で支持の高い店もリストアップしておきましょう。こうした店は、料理だけなくサービスも含めての評価ですから信頼できます。富裕層に限らずネットへの依存度が高い中国人は、日本人以上にミシュランガイドやランキングを信用しています。

ただ、こうした人気店はほとんどが要予約。しかも何カ月も先まで一杯というところも少なくありません。弊社の場合は事前に予約してお店を訪れ、食事や接客などをリサーチ、ここなら大丈夫だと思ったら事前に事情を説明します。いわば、顔を売っておくわけです。

そして何度か利用するうちにお店から信用を得て、予約などでも多少の融通をきかせてもらっています。お店側にとっても、金額を気にせず、料理も酒も最高級を求める富裕層は離したくないお客様でしょう。

マスコミなどで弊社の存在が知られるようになった最近では、お店側からアプローチしてくることも少なくありません。

食事後、日本だとカラオケなどに誘うことも多いでしょう。しかし、富裕層をお連れするのは、やめておいたほうが賢明かもしれません。カラオケが嫌いというわけではなく、日本のカラオケ店が中国に比べてショボいからです。

中国でもカラオケは30年前からあり、いまや文化として定着しています。しかも大都市のカラオケ店の設備は日本よりずっと上です。1室の広さも断然広いですし、日本の結婚式場のような立派な舞台があるところも。モニターも四方の壁に設置されています。音響にもお金をかけています。

そういうところで歌い慣れている人からすると、日本のカラオケ店はまさにウサギ小屋なのです。

おわりに

２０１８年10月に発表された日中共同世論調査で、日本に対して良い印象を持っている中国人の割合は、前年の31・5％から42・2％へと大きくジャンプアップしました。40％を越えたのは14回の調査で初だそうです。

２０１７年の年間訪日中国人は約７３６万人。２０１８年は9月末現在ですでに約６４５万人、同期前年比で16％も増えています（日本政府観光局調べ）。依然として増加の一途をたどり、１０００万人の大台も見えてくる勢いです。東京などの大都市や全国の有名観光地で、中国人観光客を見かけない場所はない、と言っても過言ではありません。

ところが逆に、中国に対して好印象を持っていない日本人は86・3％とじつに9割近くに達しているのです（日中共同世論調査）。

中国出身の私としても残念な調査結果ですが、いつまでも中国を嫌っていては日本にとって大きな損失です。せっかく、大勢の中国人が訪れてくれるのです。うまくつき合って、ビジネスにつなげるのが得策です。

中国人中間層による「爆買い」が終わり、中国人インバウンド・マーケットは縮小傾向にあるように思われがちですが、一人ひとりの消費が落ち込んだとしても「数」で十分にカバーされます。さらに「モノ消費」から「コト消費」に移り、地方都市まで、飲食店や宿泊施設、娯楽施設などさまざまな業種でチャンスが広がっているのです。また、東アジアの人たちは春節（1月下旬〜2月中旬）に大挙するなど繁忙期がずれるため、需要のすき間を埋められるメリットもあります。

本書は、中国人富裕層の「トリセツ」としてまとめましたが、富裕層の動向がやがて中間層に広がっていくのが、これまでの流れです。富裕層を知ることが今後の中国人向けインバウンド対策のカギとなるのです。そして、日本の強みである医療インバウンドも今後、中間層にまで拡大していくことが期待されます。

本書をお読みになった皆さんが、来日する中国人と上手につき合い、新しい展開が生まれることを願っています。

２０１８年12月

夏川　浩

サンエイ新書好評既刊

1
密教の聖地
高野山
その地に眠る偉人たち
上永哲矢
野田伊豆守
歴史上に名を残した多くの偉人との関係を紐解きながら高野山の知られざる一面を紹介。空海によって開基された平安時代から、戦乱の世を経た江戸時代までをたどる。高野山とゆかりの深い人物伝も多数収録！

2
三国志
その終わりと始まり
上永哲矢
後漢王朝の衰退から、激動の群雄割拠を経て、魏呉蜀の三国時代へ。そして晋の天下統一。今なお語り継がれる英雄譚を、陳寿が著した正史『三国志』を基に解説。三国志の舞台の地を訪れたルポルタージュも必読。

3
『古事記』を旅する
神話彷徨
編纂1300年 日本最古の歴史書
時空旅人編集部 編
天武天皇の勅命により編纂された『古事記』。ヤマトコトバで編まれたその神話性を読み解く。出雲神話と日向神話、そしてヤマト神話とゆかりのある地を訪れたルポルタージュでは、今に生きる神話の世界を覗く。

4
［カラー版］古地図で読み解く
城下町の秘密
男の隠れ家編集部 編
古地図を使って全国32カ所の城下町の成り立ちを学べる一冊。地形や町割、町名などの情報から当時の様子を徹底分析。東日本は上田、弘前、仙台、会津若松など、西日本は金沢、大阪、津和野、萩などを紹介。

5
おカネは「使い方」が9割
《生きガネ》を操る実戦心理術
向谷匡史
学歴も偏差値も、カネの前では無意味。ヤクザ、ホスト、政治家、フィクサーなど、1万円を10万円、１００万円の価値に高め、その《生きガネ》を使うことで自分を売り込むプロたちの「実戦マネー心理術」。

6
今こそ知りたい
アイヌ
北の大地に生きる人々の歴史と文化
時空旅人編集部 編
北海道を中心に独自の文化を築いてきた先住民族アイヌ。自然や動植物、道具など、あらゆるものをカムイ＝神とする深淵な世界を紹介。さらに歴史も通じて日本の多様性を問う一冊。博物館＆資料館ガイド付き。

サンエイ新書好評既刊

潜伏
キリシタンの真実
時空旅人編集部編

キリスト教の歩みと日本における潜伏キリシタンの謎に迫る。遠藤周作の小説『沈黙』の舞台となった長崎県外海地方や、世界文化遺産の教会などを巡りながら、通史では語られない生の声も収録。

13

戦況図解
西南戦争
原口泉

西郷隆盛はなぜ決起し、いかに散ったのか―?日本最後の内戦の知られざる実像を完全網羅。豊富な戦況図で経過を掴みながら理解するビジュアル解説が大好評の戦況図解シリーズ第2弾。

14

実録!ムショで図太く生きる奴らの悲喜こもごも
サラリーマン、刑務所に行く!
影野臣直

一般人にはなかなか知ることがない〝塀の中の暮らし〟とは?服役経験を持つ異色作家によって繰り広げられる悲喜こもごもの日々を臨場感たっぷりに描く。まさに平成版塀の中の懲りない面々?!

15

新選組
その始まりと終わり
時空旅人編集部編

動乱の時勢、幕府に忠義を尽くした「新選組」。日野から上洛した近藤勇、土方歳三の足跡を時系列でたどる。永倉新八や斎藤一など明治に生きた隊士たちの紹介も収録。京都や日野などゆかりの地のルポルタージュも掲載。

16

夏川　浩　Natsukawa Hiroshi

中国北京出身、中国系日本人。千葉大学工学部卒業後、一部上場IT企業と一部上場印刷会社で国際営業に従事、中国において政府・メディア・企業経営者等に幅広い人脈を持つ。
2011年にブリジアン株式会社を設立、新華社・CCTV・瑞麗をはじめ中国の多くの大手国営メディアと提携し、日本企業の中国でのプロモーションやマーケティングをトータルでサポートしている。とくに中国人富裕層に対するアプローチを得意とし、日本への誘致や中国での高額商品販売イベント・富裕層パーティーなどを手がけ、多くの成功事例がある。2014年には国際医療交流コーディネーターとして認定され、日本の最先端医療を求める中国人患者に円滑な渡航を支援している。

編集担当　遠藤和宏

中国人富裕層のトリセツ
彼らの「心」と「サイフ」を開かせる極意

2018年12月25日　初版 第1刷発行

著　者 ――― 夏川　浩
発行人 ――― 星野邦久
発行元 ――― 株式会社三栄書房
〒160-8461 東京都新宿区新宿6-27-30
新宿イーストサイドスクエア 7F
TEL:03-6897-4611（販売部）
TEL:048-988-6011（受注センター）
装　幀 ――― 丸山雄一郎（SPICE DESIGN）
制　作 ――― 小松事務所
印刷製本所 ―― 図書印刷株式会社

落丁本・乱丁本は購入書店名を明記のうえ、小社販売部あてにお送りください。
送料は小社負担にてお取り替えいたします。
Printed in Japan ISBN 978-4-7796-3814-5